২

Winfried Korf

Der Münzenberg
zu Quedlinburg

edition metropolis

Band 1

Verlag Dr. Bussert & Stadeler

Quedlinburg und Jena 1998

Der Autor erfuhr bei der Realisierung des Buchprojektes freundliche Unterstützung durch das Kultusministerium des Landes Sachsen-Anhalt und das Regierungspräsidium Magdeburg.

Die Deutsche Bibliothek - CIP-Einheitsaufnahme
Korf, Winfried:
Der Münzenberg zu Quedlinburg / Winfried Korf. - Quedlinburg ; Jena : Bussert und Stadeler, 1998
(edition metropolis ; Bd. 1)
ISBN 3-932906-01-2

Die Reihe „edition metropolis" wird herausgegeben von Winfried Korf.

Das Werk einschließlich aller seiner Teile ist urheberrechtlich geschützt. Jede Verwertung außerhalb der Grenzen des Urheberrechts ohne Zustimmung des Verlages ist unzulässig.

© by Verlag Dr. Bussert & Stadeler

Rücktitel:	Marienkirche auf dem Quedlinburger Münzenberge (Rekonstruktionsvorschlag)
Layout:	Helmut Stadeler
Gesamtherstellung:	Satzart Plauen

Printed in Germany

ISBN 3-932906-01-2

Inhalt

Zum Geleit	7
Vorwort	9
Zum Namen Münzenberg	11
Die vor- und frühgeschichtliche Besiedlung	15
Die Zwergenlöcher	23
Das Marienkloster	33
Zur Geschichte	33
Zur Klosteranlage	41
Die Klosterkirche St. Marien	42
Zur Ausstattung	67
Das Münzenberger Vorwerk	73
Das Städtchen Münzenberg	75
Plan mit Austeilung der Grundstücke	80
Anmerkungen	91
Literatur	98
Abbildungsverzeichnis	101

Der Münzenberg von Osten, Zeichnung von Wilhelm Steuerwald um 1850

Der Münzenberg, Ansicht von Osten

Zum Geleit

Prof. Dr. Gottfried Kiesow

Der Münzenberg zählt zu den prägenden Elementen der historischen Altstadt Quedlinburgs. Bereits in vorgeschichtlicher Zeit besiedelt, entstand 986/995 hier ein Benediktinerinnenkloster. Anfang des 13. Jahrhunderts von den Grafen von Falkenstein zu einem mächtigen Widerpart zum Quedlinburger Stift ausgebaut, wurde es in den Wirren des Bauernkrieges 1525 teilweise zerstört.

Die Überreste des 1540 aufgehobenen Klosters zogen die Randgruppen der damaligen Gesellschaft an. Scherenschleifer, Kesselflikker, Fahrensleute – insgesamt ein loses Volk – siedelten sich Ende des 16. Jahrhunderts auf dem Bergplateau an. Sie nutzten mit großer Selbstverständlichkeit für ihre bescheidenen, neu errichteten Gebäude die Reste und das Baumaterial der Klosteranlage. So findet man in der kleinteiligen Siedlung auf dem Münzenberg noch heute überall Spuren der ursprünglichen Klosterbauten. Allein die Klosterkirche mit ihren zwei Krypten ist heute in zwölf Grundstükken verbaut.

Der Münzenberg gehört mit seiner Siedlungs- und Sozialgeschichte, gerade auch in Abgrenzung zur wohlhabenden Stadt Quedlinburg, sicherlich zu den interessantesten Orten im heutigen Stadtgefüge. Dessen Geschichte mit ihren differenzierten Aspekten in fundierter, aber auch für den interessierten Laien unterhaltender Weise aufgegriffen und aufgearbeitet zu haben, ist das Verdienst des vorliegenden Buches. Es ist zu hoffen, daß dem Band zum Münzenberg in der „edition metropolis" bald weitere Bände folgen, die den kulturhistorischen Rang Quedlinburgs und des Harzvorlandes einem breiten Publikum erschließen helfen. Denn nur, wer um die Bedeutung und Hintergründe weiß, wird sich für den Erhalt und die Pflege der Zeugen unserer Kulturgeschichte einsetzen.

Die derzeitigen Bemühungen um die Sicherung der Pforten, Treppen und Wege sowie der Stützmauern des Münzenbergs – und der ganzen historischen Altstadt! – sollten uns als Zeichen der Hoffnung dienen. Mit dem Interesse und dem Engagement eines großen Kreises von Förderern der Weltkulturerbestadt Quedlinburg muß es gelingen, dieses eindrucksvolle Zeugnis der Vergangenheit auch für die nächsten Generationen zu erhalten.

Prof. Dr. Gottfried Kiesow
Vorsitzender des Vorstandes der
Deutschen Stiftung Denkmalschutz

Vorwort

Wie eh und je verharrt der Münzenberg auch heute noch abseits des geschlossenen Stadtbereiches, seiner Geschäftigkeiten und Geschehnisse und damit auch abseits der Besucherströme. Die wenigen Interessierten, die den Aufstieg über einen der vier steilen Zuwege wagen, empfängt eine stille, abseitige Welt scheinbar ohne Besonderheiten, ohne Kunsteindrücke, ohne den Genuß eines an Reizen der Vergangenheit gesättigten „malerischen" Bildes.

Nur wenige spüren den unaufdringlichen und doch so unverwechselbaren Charme dieses anspruchslosen Winkelstädtchens – und die wenigsten wissen, daß sich im vielverschachtelten Gewirr der kleinen Häuser, ja sogar unter dem Berge Geheimnisse der Geschichte und Kulturgeschichte Quedlinburgs und des gesamten Harzlandes verbergen.

Seit jeher ist diese Bergkuppe ein Siedlungsplatz für sich gewesen, sehr unterschieden von den übrigen Stadtteilen Quedlinburgs – und

Der Münzenberg von Westen, Zeichnung von Wilhelm Steuerwald um 1850

Vorwort

im Bereiche dieser von Merkwürdigkeiten aller Art geprägten Stadt ist der Münzenberg sicherlich die seltsamste.

Münzenberg und Wipertikirche, Ansicht von Norden, 1710

Zum Namen Münzenberg

Die Seltsamkeit beginnt schon mit dem Namen, denn die jetzige Benennung wird erst seit dem 18. Jahrhundert allgemein gebraucht. In den Quedlinburger Annalen um 1000 wird er als „mons occidentalis" (westlicher Berg) bezeichnet, was sich späterhin als „mons proximus" (nächstgelegener Berg) oder „Berg boven [außerhalb] Quedlinburg" fortsetzt. Erstmals in einer Urkunde Bischof Ludolfs I. von Halberstadt von 1237 *(Schmidt: Bd. II, Nr. 657)*, danach in einer weiteren der Reichsäbtissin Gertrud von Ampfurt zu 1254 *(v. Erath, sec. XIII, Nr. 138)* tauchen die Namensformen „Muntsingeberg" bzw. „Montzingeberg" auf, die sich in 50 Varianten bis in das 16. Jahrhundert fortspinnen. Daraus hat die gelehrte Kläubelei von Klerikern um 1320 die Version „Monsionberg" gefiltert – in Anlehnung an den „mons Sion", den heiligen Berg Zion bei Jerusalem. Vielleicht haben sie damit die sakrale Architekturlandschaft Quedlinburgs im Sinne des mittelalterlichen typologisch-symbolischen Denkens als ein „neues Jerusalem" qualifizieren wollen. So jedenfalls sahen es Autoren des 16. und 17. Jahrhunderts.[1] Eben diese Namensabart ist den humanistisch gebildeten Pastoren und Rektoren des 16. und 17. Jahrhunderts die allerliebste gewesen. Alle anderen „Ableitungen" von der Bergminze (mentha), der Ackerhufe (mansus), dem Kloster (monasterium) oder seinen Insassinnen, den Nonnen (monachae, niederdeutsch: monken), oder – als eine Tautologie – vom Berge (mons) selbst sind je nach dem Selbstverständnis ihrer Urheber grundgelehrt oder grundfalsch und allesamt abwegig. Auch für eine Namensübertragung von Burg und Stadt Münzenberg in der Wetterau gibt es keinen Anhalt.

Vereinzelt finden sich – erstmals 1285 *(v. Erath, sec. XIII, Nr. 1)* und 1306 *(v. Erath, sec. XIV, Nr. 3)* – die Namensformen „Munzeberg" und „Munzinberg", die sich jedoch erst ab 1596 häufen. Das Kloster selbst heißt bis 1342 stets „coenobium S. Mariae in monte" (St. Marienkloster auf dem Berge). Die häufigstgebrauchte, wohl auch volkstümlichste mittelalterliche Namensgebung, greifbar ab 1314 neunmal in stiftischen Urkunden und sehr oft in den Ratsrechnungen des 16. und 17. Jahrhunderts, lautet „Unzingeberg", „Untzingeberg",

„Unzynghesberg" oder verkürzt „Untzenberg". Die etymologische Deduktion aus der Verneinungssilbe „un-" und dem altsächsischen „tichan" (ziehen) und die daraus gefolgerte Deutung als ein Berg, auf dem man nichts ziehen könne, d.h. als ein wüster, unfruchtbarer Berg, ist im Hinblick auf die jahrtausendealte Besiedlung ebenso zweifelhaft wie die Version H. Goebkes einer Zusammensetzung aus „un-" als Präfix der Verstärkung und dem germanischen Gotte Ziu[2], der bei den Sachsen „Saxnot" (Sachsengenoß) hieß. Freilich kann angesichts der langwährenden Bewohntheit und der Höhenposition des Münzenberges im Zusammenhange mit dem ebenso lange besiedelten, ebenso befestigten, gen Westen höher emporragenden Strohberge und manch anderer vorchristlicher Kultstätten im Umkreise Quedlinburgs dort durchaus ein Heiligtum bestanden haben; dann aber war es – wie verblaßte Überlieferungen andeuten – gewiß nicht dem Ziu geweiht gewesen. Denn über ein Jahrtausend christlichen Glaubens und mittelalterlicher Kultur und über ein Halbjahrtausend klösterlichen Lebens haben die Reste und nahezu alle Erinnerungen daran ausgelöscht.

Eine Namensdeutung von H. Helbing erscheint bedenkenswert: die Namensform „Unzingeberg" als Verzerrung aus „Huntdingesberg". Die Namensbestandteile „hunt" und „ding" meinen den Anführer fränkischer Hundertschaften, denen bei den Franken der „hunt" als Vertreter des königlichen Schultheißen vorstand – in zeitgenössischen Quellen „hunno" (von chunnas) genannt – und die germanische Volks- und Gerichtsversammlung und ihre Stätte, in den Flur- und Straßennamen – auch im Umkreise Quedlinburgs – noch heute häufig als „Thie" erkenntlich. In allen eroberten Gebieten haben die Franken diese Hundertschafts- oder Zentverfassung eingeführt; der „hunno" erscheint dann in den mittelalterlichen Urkunden Thüringens als „Heimbürge", in solchen der Sachsenstämme als „Bauermeister" oder „Burmeister". In diesem Sinne wäre der Münzenberg die Gerichtsstätte des fränkischen Militärbefehlshabers gewesen[3]. Mit der zweiten, im 8. Jahrhundert vollzogenen Lautverschiebung hätte sich dann der doppelte T-Laut am Zusammenschluß der Bestimmungsworte in tz bzw. in z verwandelt. Mit dem – auch andernorts beobachteten – Zusammenziehen der umgangssprachlichen Bezeichnung „im Hun(t)zinge(s)berg" wäre einerseits die Namenform „Mun(t)zinge(s)berg", andererseits beim Getrenntbleiben von Präposition und Substantiv mit dem Fortfall des anlautenden H die Variante „Un(t)zinge(s)berg" entstanden, die sich späterhin zu „Mun(t)zenberg" bzw. „Un(t)zenberg" abgeschliffen hätten.

Letztlich bleibt die Erklärung des Namens „Münzenberg" noch immer offen – offen für jede ernsthafte, durch intellektuelle Zucht und Gründlichkeit gezügelte Lust am Suchen und Entdecken ebenso wie für jede kläubelnde, scheinbemühte Fabuliersucht, die allen Eingebungen, allzu weit hergeholten Trugschlüssen oder längst widerlegten Assonanzen und Assoziationen aufsitzt.

Schloß- und Münzenberg, Kupferstich von M. Merian um 1650

Zum Namen Münzenberg

Der Münzenberg mit dem grabenähnlichen Einschnitt zum Strohberg

Stroh- und Münzenberg, Ansicht von Südwesten

Die vor- und frühgeschichtliche Besiedlung

Wegen seiner jahrhundertelang währenden Besiedlung, die ältere Kulturschichten sicherlich zerstört hat, vermochte der Münzenberg bisher kaum vor- und frühgeschichtliche Bodenfunde zu erbringen. In der Topographie Quedlinburgs erscheint die ovale Felskuppe als ein niedriger, dennoch beherrschend in die Bodeaue hinausgeschobener Sporn: vorletztes Glied der Sandstein-Schichtrippe des Langen Berges, von dem das Doppelmassiv Strohberg/Münzenberg durch den markanten Einschnitt der Russenschlucht getrennt und dessen östlicher Ausläufer der Schloßberg ist.

Stroh- und Münzenberg hängen durch einen schmalen Sattel an der Südflanke zusammen, der an seiner engsten Stelle – eben dort, bevor die an der Nord- und Westseite sich hinaufwindende Straße ostwärts auf die Kuppe einbiegt – durch eine kurze, anscheinend künstlich eingetiefte Senke, vielleicht den halbverfüllten Rest eines Halsgrabens, zertrennt ist. Die topographische Situation des Doppelmassivs erlaubt es, die aus den Bodenfunden gewonnenen Erkennt-

Münzenberg, Schloßberg und Wipertigut

Die vor- und frühgeschichtliche Besiedlung

nisse über den Strohberg, der – gen Norden weit heraustretend – den Münzenberg beherrschend überragt, auch auf diesen zu beziehen.

Neben Schloßberg und Wipertigut sind Stroh- und Münzenberg der dritte Siedlungsplatz des frühmittelalterlichen Quedlinburgs, der seit der mittleren Jungsteinzeit in wechselnder Dichte, vermutlich nicht ohne Unterbrechungen, bis heute bewohnt, doch zuletzt außerhalb der mittelalterlichen Stadtentwicklung geblieben ist.

Siedlungsgruben auf dem Langen Berge machen auch eine Besiedlung von Stroh- und Münzenberg durch die mittelneolithische Bernburger Kultur (3. Jahrtausend v.Chr), einen Zweig der Trichterbecherkulturen, wahrscheinlich, die sich durch Einwanderung, vielleicht Eroberung, über die ältere Bauernbevölkerung der donauländischen Bandkeramiker geschoben hatte. So erscheint es jedenfalls in siedlungstopographischer Zusammenschau: von den 20 zum Teil recht ausgedehnten Niederlassungen der Bernburger Kultur im Umkreise Quedlinburgs lagen 16 auf den umgebenden Höhen beherrschend über den Dörfern der Bandkeramiker an den Ufern und Hangterrassen der Bode und der ihr zurinnenden Bäche. Mit dem Nebeneinander dieser zwei Kulturen hatte die Siedlungskammer Quedlinburgs ihre größte Menschendichte innerhalb der vorgeschichtlichen Jahrtausende erreicht. Manche dieser Höhensiedlungen, z.B. die künstlich befestigte auf der nahen Altenburg, sind durch Brand, d.h. infolge kriegerischer Ereignisse, zerstört worden, die mit dem Einwandern von Gruppen der Saale-Schnurkeramiker und der Schönberger Kultur verbunden werden.

Nach dem Bevölkerungsschwund der älteren Bronzezeit (Montelius I: 2000-1600 v.Chr) zwangen die Völkerverschiebungen der jüngeren Bronzezeit (Montelius IV: 1100-900 v.Chr.) die hier ansässigen Stämme der Urnenfelderkultur[4], die neolithischen Höhensiedlungen neu zu besetzen und zu befestigen. Aus diesen Jahrhunderten stammen die Spuren eines etwa geradlinigen Grabens mit vorgelegtem Wall an der Südseite der Strohberg-Kuppe; alle anderen Teile dieser Befestigung sind im 19. Jahrhundert eingeebnet worden. Noch 1930 hat man ein Steinkistengrab innerhalb der Umwallung abgetragen. Nach Auskunft von R. Mertsch liegt ein weiteres Steinkistengrab verschüttet unter dem Hauseingang von Münzenberg 16. Dort wie auch an der Südseite des Glockenturmes sind zahlreiche Knochenreste gefunden worden.

In der frühen Eisenzeit (700-450 v.Chr.) war der Harzbereich die Kontaktzone zwischen der germanischen Jastorf-Kultur in Nord- und der keltisch beeinflußten Thüringer Kultur in Mitteldeutschland. Um 400 v.Chr. hatten andringende Elbgermanen den Harz bereits überschritten und die z.T. riesigen, z.T. auch massiv befestigten Flieh- und Sperrburgen der Thüringer Kultur am Harz-Nordrande[5], beiderseits der Paßtäler im Südharz-Vorland und in der Hainleite überrannt. Auch jetzt noch oder wieder waren Stroh- und Münzenberg belegt, ebenso in der nachfolgenden Latènezeit (450 v.Chr. bis 0), als letzte ethnische Umschichtungen jenes germanische Stammesgefüge schufen, auf das um die Zeitenwende die römischen Eroberer gestoßen sind.

In den ersten nachchristlichen Jahrhunderten zwangen die seit langem fortschreitende Austrocknung des Untergrundes und der damit einsetzende Wassermangel auf den Höhen, die andererseits die ehedem versumpften Niederungen nun bebaubar machten, dazu wohl auch wirtschaftliche Wandlungen, die Bevölkerung zum Abzug aus den Höhensiedlungen und zum Niederlassen in den Bach- und Bodeauen. In Quedlinburgs Umgebung ist dieser Vorgang augenfällig zu verfolgen. Der Strohberg, sicherlich auch der Münzenberg jedoch wurden nicht geräumt. In den Wirren der Völkerwanderung standen auf dem Strohberg Pfostenhäuser mit Wänden aus lehmbeworfenem Flechtwerk. Drei römische Bronzemünzen des 2. Jahrhunderts nach Chr. belegen den durch Handel, Krieg oder Kriegsdienste vermittelten Kontakt und Austausch mit den Römern. In dieser Gestalt erlebten und überlebten die Anlagen auf dem Stroh- und Münzenberge im 1. nachchristlichen Jahrhundert das Einwandern der ostgermanischen Hermunduren, späterhin das Eindringen von nordelbischen Angeln und Warnen, deren teilweises Verschmelzen zum Volk der Thüringer und dessen Zusammenschluß zum Thüringer Königreiche im ausgehenden 5. Jahrhundert – zu einem der ausgedehntesten und kurzlebigsten Germanenreiche im Nachtrab der Völkerwanderung, zu dem auch das Umland des Ostharzes gehörte.

Die vor- und frühgeschichtliche Besiedlung

Seine Niederwerfung durch den vereinten Angriff der Franken und Sachsen 531/534 dokumentiert sich im Fund eines fränkischen Messers auf dem Strohberge, den die Eroberer vielleicht eine Zeitlang mit einer Garnison besetzt hielten. Der immer wieder benutzte, wohl auch wiederhergestellte Burgwall überstand das Eindringen ostfälischer Sachsen, nach vergeblichen Aufständen wider die Frankenherrschaft 555/556 ihren Auszug mit den Langobarden nach Italien, die Ansiedlung von Nordschwaben, die Rückkehr der Sachsen 574 auf dem enormen Umweg über Frankreich und ihren vergeblichen Kampf gegen die Neusiedler, die ihr Territorium behaupten konnten und schließlich die Bode als Grenze zwischen dem Schwaben- und dem sächsischen Harzgau festlegten.

Kugeltöpfe des 11. Jahrhunderts bezeugen die Besiedlung des Strohberges noch im hohen Mittelalter. Dieser Zeit vielleicht entstammt auch die massive Ringmauer des Münzenberges, die vor allem an der Süd- und Ostseite streckenweise erhalten ist und an einem kur-

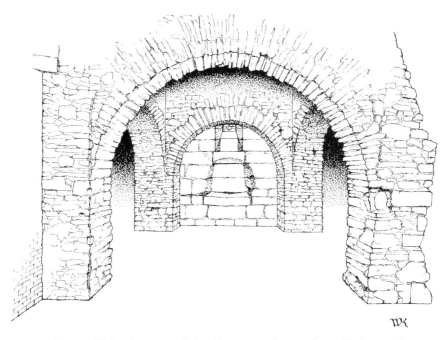

Schwarze Küche, Inneres mit der älteren Quaderwand gen Westen samt dem romanischem Fensterchen

Die vor- und frühgeschichtliche Besiedlung

zen, nicht hinterbauten Abschnitt inmitten der Nordseite den Ansatz des ursprünglichen Wehrgangs bewahrt hat. Knapp westlich dieser Stelle ist jene mächtige Schwarze Küche an sie herangestellt, deren bauchiger Schlot noch immer die Hausdächer überragt und zu einem Wahrzeichen des Münzenbergs geworden ist. Ihre Zweckbestimmung und Zugehörigkeit, vor allem ihr genaues Alter sind noch immer nicht enträtselt.[6] Im Südwesten tritt die Zufahrtsstraße mittels eines rampenartigen Hohlwegs in das Bergplateau hinein. Aus der Umbauung der kleinen Häuser stoßen dort die Mauerwangen der Toreinfahrt heraus. Die gerundete, wohl original erhaltene westliche Wange läßt sich vielleicht zu einem jener eingezogenen Tore, wie sie für den Burgenbau des 10. und 11. Jahrhunderts üblich sind, ergänzen[7].

Kriegerische Verwicklungen mögen die massive Neubefestigung des Münzenbergs veranlaßt haben. Das Fehlen verbürgter Nachrichten gestattet nur Vermutungen, die mittels geschichtlicher Indizien bestenfalls wahrscheinlich gemacht, aber nicht bewiesen werden können. Analog zu den Bodenfunden vom Strohberge käme das letzte Drittel des 11. Jahrhunderts, die Regierungszeit König Heinrichs IV.,

Haus Münzenberg 50 mit der Schwarzen Küche

in Betracht: die Errichtung seines Reichsburgensystems zum Absichern des arg geminderten und arg bedrohten Reichsgutes im Umkreise des Harzes 1065-1073 und der 1073 davon ausgelöste erste Sachsenaufstand mit den nachfolgenden wechselvollen, stets von neuem angefachten Kämpfen, die sich zur grundsätzlichen Machtprobe zwischen der Zentralgewalt und den partikularen Kräften steigerten, in welche sich ab 1075/1076 verschärfend der Investiturstreit einklinkte, der den Aufständischen nachträglich die ideelle Rechtfertigung zuschob. Sie endeten mit der schicksalhaften Niederlage des königlichen Heeres Heinrichs V. 1115 bei Welfesholz, welche die Macht der Salier endgültig zerbrach, das Reichsgut im Harzgebiete zerteilte und zerriß und die territoriale Zersplitterung des Reiches besiegelte.

In den Sachsenkriegen Heinrichs IV. sind Pfalz und Stift Quedlinburg abwechselnd Stützpunkte des Königs und seiner Gegner, so der Gegenkönige Rudolf von Rheinfelden 1079 und Hermann von Lützelburg 1085, zuletzt 1105 für des Herrschers abtrünnigen Sohn Heinrich (V.) gewesen, der hier die Sachsenfürsten für seine Pläne zu gewinnen suchte. Als Rückhalt eben desselben letzten Salierkönigs eroberten am Ende des dritten Sachsenkrieges 1115 die Sieger von Welfesholz unter ihrem Herzog Lothar von Süpplingenburg, dem nachfolgenden König, Pfalz und Stift Quedlinburg.

Als „Militärbasis" neben Stift und Pfalz mögen Heinrich IV. oder in dessen Auftrag seine Schwester, die Reichsäbtissin Adelheid II. (1062-1095), den Münzenberg mit dem damals längst bestehenden Marienkloster zur Burg ausgebaut haben, die im wechselhaften Verlauf der Kriegshandlungen als ein „Trutz-Quedlinburg" auch gegen Pfalz und Stift genutzt werden konnte und wohl auch genutzt worden ist[8].

Allerdings ist auch die Zeit des staufisch-welfischen Thronkonfliktes 1198-1218, in der sich das Kampfgeschehen um Quedlinburg noch dramatischer wiederholte, für die Neubefestigung des Münzenberges denkbar. In dessen Verlaufe eroberten 1199 Landgraf Hermann I. von Thüringen, damals soeben welfischer Parteigänger, und 1209 Graf Hoyer II. von Falkenstein als Sachwalter der Hohenstaufen Quedlinburg. Danach ließ Otto IV., der Welfenkönig, die Stiftsburg verstärken und legte eine Besatzung darein, die 1213 einer Belagerung

Münzenberg und Strohberg vom Schloß aus gesehen

des Staufers Friedrich II. widerstand. Zwar hatte Otto IV., längst entmachtet, in seinem Testament 1218 die Entfestigung des Stiftes Quedlinburg verfügt, doch führte seine hiesige Besatzung sie nicht aus, gebrauchte es vielmehr, um von dort aus die Stadt und die Umgegend zu terrorisieren, bis Hoyer von Falkenstein, der Schirmvogt, das Stift 1224 stürmte und die Befestigungen schleifen ließ. Der Sühnevertrag von 1225, den er der besiegten Reichsäbtissin Sophie von Brehna aufzwang, markiert das Ende der reichspolitischen Rolle des Stiftes Quedlinburg.

Da Hoyer II.– wie noch darzulegen sein wird – den Münzenberg und das Marienkloster als Rückhalt gegen die mit ihm verfeindete Äbtissin, die Exponentin der welfischen Partei, benutzt hat, käme auch er – vielleicht im Auftrage König Friedrichs II. – als Urheber der Neubefestigung infrage.

Eine Partie des Ostrandes bei der Schultreppe hieß – nach H. Helbing – „die Schanze". Das deutet, wie so häufig im Harz und Harzumkreise, auf einen kleinen, mit Planken- oder Palisadenwänden befestigten Belagerungswall hin, der während der genannten Kämpfe, aber auch in den Auseinandersetzungen der Grafen von Regenstein mit den Quedlinburgern 1326/1327 und 1336/1337 hergestellt worden sein könnte.

Jedenfalls rückt in jenen Jahren letztmalig der Strohberg in das regionale Machtgerangel ein, als der vielverleumdete, vielumdichtete „Raubgraf" Albrecht II. von Regenstein dort oben in dem alten Burgwall die Nonnenburg zum Überwachen der Quedlinburger Altstadt anlegen ließ: eine jener kleinen Burgen[9], mit denen er, zusammen mit dem von ihm besetzten Wipertistifte, die aufsässige Stadt zu umklammern gedachte. Ein großes Erdloch innerhalb des vorgeschichtlichen Burggeländes könnte den Standort eines Bergfrieds andeuten. Zusammen mit den anderen Burgen ist sie nach seiner Gefangennahme 1337 eingenommen und vernichtet worden.

Einfahrt mit den Mauerwangen des ursprünglichen Tores

Die Zwergenlöcher

Unter dem Nordwesthange des Münzenberges höhlen sich die Zwergenlöcher in den Sandsteinfelsen. Eine weit verbreitete Wandersage, die sich nachträglich in diese „Höhlen" eingenistet hat, bevölkert sie – wie auch andernorts im Harzgebiete[10] – mit einem Zwergenstamm. Seine zwiespältigen Beziehungen zur Menschenwelt – unerkannte Hilfeleistungen im Haus, Hof, Mühle, Feld und Garten zum einen, Diebstahl von Brot und Feldfrüchten zum anderen – schüren den Konflikt: diebische Zwerge werden enttarnt, gefangen und geschlagen, bis andere sie auslösen

Zwergenlöcher, Treppenstollen aufwärts

Zwergenlöcher, Treppenstollen abwärts

und das ganze Völkchen schließlich fortzieht – irgendwohin auf Nimmerwiedersehen. In dem für immer verwünschten, verschlossenen unterirdischen Palaste läßt es seine Kostbarkeiten und Geschmeide, unerreichbar dem Zugriff menschlicher Gier und Habsucht, in tiefster Verborgenheit zurück.

Die Bezeichnung „Zwergenlöcher" weckt die Vorstellung von

engen, schmalen Klüften, die vielleicht nur zu durchkriechen sind, wie dies geologisch für den Sandstein typisch wäre. Doch in Wirklichkeit verbirgt der Berghang ein geräumiges, planvoll und übersichtlich eingetieftes Hypogaeum, in dem Riesenwüchsige sich ungehemmt und ungehindert tummeln könnten.

Am Nordwestfuße des Münzenberges führt eine rechtwinklig geknickte, jetzt z.T. verschüttete Rampe dicht östlich der Sperlingschen Scheune (A) hinab zum ursprünglichen Eingang. Er eröffnet einen annähernd 50 m langen, im oberen Abschnitt 3-3,5 m, im unteren etwa 1,5 m breiten und knapp 4 m hohen Treppenstollen, der auf ungefähr 20 m Tiefe geradlinig genau südwärts zu einem Brunnen hinabstreicht (B1–B5). In gleichbleibender Höhe und technischer Vollkommenheit ist er mit Spitzmeißeln in einem ziemlich gleichmäßig gestelzten Bogenschnitt aus dem Sandsteinfels gehauen. In halber

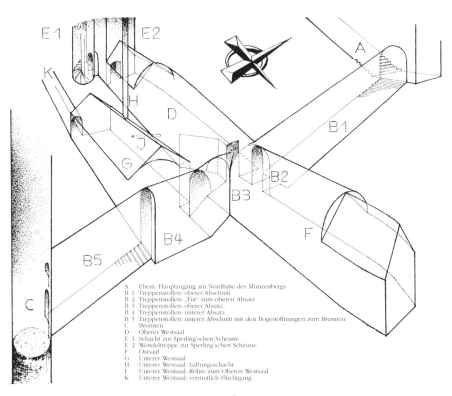

A   Ehem. Hauptzugang am Nordfuße des Münzenbergs
B 1   Treppenstollen: oberer Abschnitt
B 2   Treppenstollen: „Tür" zum oberen Absatz
B 3   Treppenstollen: oberer Absatz
B 4   Treppenstollen: unterer Absatz
B 5   Treppenstollen: unterer Abschnitt mit den Bogenöffnungen zum Brunnen
C   Brunnen
D   Oberer Westsaal
E 1   Schacht zur Sperling'schen Scheune
E 2   Wendeltreppe zur Sperling'schen Scheune
F   Ostsaal
G   Unterer Westsaal
H   Unterer Westsaal: Lüftungsschacht
I   Unterer Westsaal: Röhre zum Oberen Westsaal
K   Unterer Westsaal: vermutlich Fluchtgang

Zwergenlöcher, schematische Übersicht (unmaßstäblich)

Höhe unterbrechen ihn zwei Absätze (B3 und B4) mit den Zugängen zu drei seitlich sich anschließenden Sälen (D, F und G); dazwischen ist der Stollen an der Westseite nachträglich verbreitert worden. Der obere Treppenlauf (B1) liegt unter Unrat und Gerümpel aller Art begraben. Sein Austritt auf den oberen Absatz ist durch zwei Felspfeiler türartig verengt (B2): eine senkrechte Nut am westlichen, Balkenlöcher am östlichen Gewände lassen hier eine einsetzbare Sperre aus starkem Balkenwerk annehmen. Den etwa 3 m großen Höhenunterschied zwischen den beiden Absätzen in der Mitte des Treppenstollens vermitteln neuere schmale Backsteinstufen. Im unteren Treppenabschnitt (B5) jedoch sind die aus dem Fels gehauenen, ungewöhnlich flachen originalen Stufen wohlerhalten und mittels eines in die östliche Felswand getriebenen Handlaufs bequem begehbar. Zwei ähnliche Nuten an den Wänden dicht vor der Ausmündung des Stollens auf den Brunnen (C) markieren eine zweite einsetzbare Holzsperre. Vor dem Brunnen ist der Treppenlauf waagrecht aufgeschüttet, reichte jedoch ehedem tiefer bis unter den jetzi-

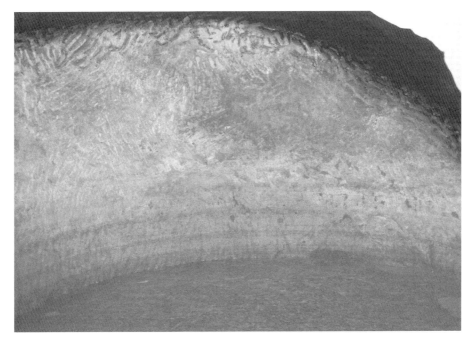

Zwergenlöcher, der Brunnen

Die Zwergenlöcher

gen Wasserspiegel hinab, wie die aus neuen Ziegeln erstellte Abmauerung, die den Gang innerhalb der Brunnenwandung abschließt, bei genauem Hinsehen zeigt. Dementsprechend hat die niedrige rundbogige Kriechöffnung zum Brunnen einst die Höhe einer Rundbogentür gehabt. Darüber ist eine zweite oberlichtartige, ebenfalls neuzeitlich vermauerte Öffnung auszumachen, aus der drei Eisenbahnschienen herausragen, welche die jetzige flache Abwölbung des Brunnens tragen.

Der kreisrunde Brunnenschacht von etwa 3 m Durchmesser (C) mit seinen sorgfältig geglätteten Wänden erreichte dicht hinter dem Zufahrtstore die Oberfläche. Die Stelle des einst mit einer Pumpe versehenen „Schuckebrunnens", der 1722 noch einmal ausgeräumt und seitdem eine Zeitlang wiederbenutzt worden war, ist heute noch an der Westseite der Gasse vor dem Hause Münzenberg 37 im Winkel der Zufahrtsrampe zu den Häusern Nr. 38-41 deutlich wahrzunehmen. Die Brunnensohle ist mit Gesteins- und Bauschutt aufgefüllt und deshalb nicht zu ergründen. Darüber steht das klare Schichtwasser etwa 2 bis 3 m hoch.

Zwergenlöcher, oberer westlicher Saal mit den Steinbänken für die Käseregale (?)

Beiderseits des oberen Absatzes gliedern sich nach Osten und Westen zwei Säle (F und D) ungleicher Grundrisse und Ausdehnung, jedoch annähernd gleicher Höhe von 3,3–3,5 m und ähnlicher durchschnittlicher Breite von 4–4,5 m Meter an. Ihre Decke ist großenteils stichbogig, im hinteren (äußeren) Drittel aber im Querschnitt eines flachen Daches angelegt, das sich damit jeweils als eine spätere Erweiterung zu erkennen gibt. Entlang den Längswänden strecken sich niedrige und breite, sorgfältig verputzte Bänke aus neuen Backsteinen und Sandsteinquadern, nach ungesicherter Auskunft im späten 19.

Zwergenlöcher, unterer westlicher Saal

Jahrhundert eingebracht als Unterlagen für Holzgestelle zum Reifen von Harzer Käse der Firma „Käse-Körner". Der kürzere, etwa 20 m lange Ostsaal (F) verjüngt sich gen Osten. An seinen Längswänden sind unterhalb der Felswölbung Balkenlöcher wahrzunehmen, die miteinander in den Querachsen nur ungefähr, in der Höhe überhaupt nicht korrespondieren, mithin keine stützende Funktion gehabt haben können. Zum Treppenabsatz öffnet er sich in einem weiten Bogen, der über jeweils stehengelassenen Sandsteinbänken im Norden als Rund-, im Süden als Segmentbogen ansetzt. Jetzt ist dies durch untergezogene Backsteinwände mit Stichbogentüren innerhalb des Bogens wie auch innerhalb der Ausmündung des oberen Treppenlaufs auf den ersten Absatz (B3) völlig verunklärt. Gleicherart verengt ist auch der Abgang des unteren Treppenlaufs (B5) vom unteren Absatz (B4).

Nach Nordwesten abgeknickt ist der etwa 30 m lange Westsaal (D). Seine gebogene Nordwand ist gegenüber dem Treppenabsatz durch denselben Felspfeiler abgeschnürt, der das westliche Gewände der

„Tür" (B2) des oberen Treppenlaufs zum ersten Absatz bildet. Erst nachträglich – wohl beim Herstellen des zweiten, unteren Westsaales (G) – hat man den vorderen Abschnitt der Südwand auf einer stehengebliebenen Felsbank, anscheinend zum Stabilisieren des geschwächten Felspfeilers, mit Sandsteinquadern ausgemauert und damit die Ausmündung des Westsaales (D) auf den Absatz (B3) zu einem stollenartigen Durchgang verengt, der den stumpfwinkligen Kontur dieser Raumpartie erst erzeugt hat. Es scheint, als ob diese Ausmauerung in und vor einen Felsbogen gesetzt sei, dessen westlicher Ansatz sich am Anfang der Südwand des Saales abzeichnet.

In seinem Südwestwinkel stößt ein quadratischer, nachträglich eingebrachter und später mit Preußischen Kappen abgewölbter Transportschacht (E2) hinauf in das Südostende der Sperlingschen Scheune. Unmittelbar daneben dreht sich eine enge Wendeltreppe E1) vom Inneren der Scheune hinab in diesen Saal – der zur Zeit einzig begehbare Zugang zu den Zwergenlöchern.

Mehr als 3 m tiefer dehnt sich vom unteren Treppenabsatz ein dritter Saal (G) von etwa 25 m Länge, 4 m Höhe und durchschnittlich 4,5 m

Zwergenlöcher, unterer westlicher Saal gegen Westen mit dem Fluchtgang

Breite gen Westen. An seiner durch einen länglichen Felspfeiler an der Nordseite verengten Ausmündung auf den dort nachträglich verbreiterten Treppenstollen (B4) ist an den Abarbeitungen deutlich seine spätere Anfügung zu erkennen. Im Gegensatz zu den gewinkelten, geknickten Grundrissen der beiden oberen Säle steht hier die besonders sorgfältige Wandgestaltung und die hier steilere dachähnliche Decke mit exakt gezogenen Trauf- und Firstlinien. Ein aus der Firstlinie gen Norden verschobener runder Lüftungsschacht (H) erreicht auf der dritten Terrasse der Gärten am Nordwesthange das Sonnenlicht. Dicht daneben durchstößt eine schmale gebohrte Röhre die Felsendecke. Nahebei ein kleines Stück westwärts verbindet eine ähnliche schräg verlaufende kreisrunde Röhre (I) diesen unteren mit dem oberen Westsaal. An seiner Westschmalseite zieht in der Flucht der Südwand, nochmals leicht abgewinkelt, ein dritter Ausgang aufwärts (K), der einst am Westende der genannten dritten Hangterrasse etwa in Höhe der Sperlingschen Scheune zutage trat.

So ordnen sich die Haupttreppe zum Brunnen mit den drei seitlich anliegenden Sälen samt ihren Nebeneingängen zu einem übersichtlichen und großzügigen Ganzen, das überhaupt nicht zwerghaft, beklemmend oder gar labyrinthisch wirkt[11].

Mündliche Kunde erzählt von einem weiteren Gange, dessen Einstieg auf dem östlichen Vorplatze zu Füßen des Münzenberges im engsten Winkel zwischen der Wipertistraße und dem Weg zur Schultreppe gewesen und der in Richtung auf das Münzenberger Vorwerk gezogen sein soll. Nach H. Helbing, der sich auf topographisch unzuverlässige romantische Gemälde von Nachfolgern oder Schülern Wilhelm Steuerwalds gestützt hat, soll derselbe Wiesenplan aber noch im 19. Jahrhundert ein kleiner Teich gewesen sein.

Noch ausgedehntere unterirdische, gleicherart begehbare Anlagen harren auch unterm Nordhange des Strohberges der Erforschung und Vermessung[12].

Der rätselvolle Brunnen unterm Münzenberge hat einen Kranz von Sagen sprießen lassen. – Eines unheilvollen Tages – nach der Winnigstedtschen Chronik 1333 (!) – quoll der Brunnen auf dem Münzenberge über. Seine Wasser strömten ostwärts hinab, füllten alsbald den weiten Graben vor der westlichen Stadtmauer, schäumten weiter hinunter in die Stadt und drohten sie kläglich zu ersäufen[13]. Nur ein Sühneopfer konnte diesem Unheil wehren. Der fromme Winnigstedt nennt Gebete – natürlich! – und eine „ewige Spende" alljährlich zu Gründonnerstag: nach H. Pröhle das Verteilen eines Hutes voller Geld an die Stadtarmen, das angeblich erst gegen 1810 wegen des groben Unfugs, der dabei eingerissen war, verboten wurde; nach H. Helbing das Austeilen von eben nur je einer Semmel, das noch in den 1920er Jahren stattgefunden habe, wobei eine alte, jetzt verschwundene Heiligenfigur (aus dem Marienkloster?) in der ehemaligen Schenke Münzenberg 60 bekränzt worden sei.

Die mündliche Überlieferung dagegen weiß von einem Brautbette oder einem Paare weißer Rosse, die den Born versiegen ließen[14]. Eine sehr verblaßte Kunde spricht von Kindern, die – analog der Sage vom Rattenfänger zu Hameln – in den Berg „eingegangen" seien. Eine dritte Mär fabelt von einem unterirdischen Gange zum Brunnen auf dem Blankenburger Schlosse, durch den die Weiße Frau aus ihrem unterirdischen Reiche aufsteige und durch den sie wieder hinunterfahre. Auch am Münzenberger Brunnen soll eine Nonne mit Schlüsseln – die auf die Insassinnen des Klosters projizierte Schlüsseljungfer – gesehen worden sein.

Das Überquellen des Brunnens und das Sühneopfer erinnern an die vorchristliche Kulturschicht des Münzenberges. Das Verstopfen des Unheilsbornes durch ein Brautbett und/oder zwei weiße Rosse gemahnt an die häufigen Quell- und Seeopfer, die nicht nur archäologisch nachgewiesen sind,[15] sondern sich in Volksfesten und -bräuchen noch heute wiederfinden.[16] Die Mär vom „Eingehen" der Kinder in den Brunnen bewahrt die Erinnerung an Menschenopfer, deren Spuren im Umkreise des Harzes für den Bereich der Thüringer Kultur der späten Bronze- und frühen Eisenzeit mehrerenorts entdeckt worden sind.[17]

Weiße Rosse galten als gottgeweihte Tiere, als die Rosse der Sonnen-, Meeres-, Sturm- und Todesgötter ambivalent besetzt für Lebens- wie für Todesbringer (so unter anderen der Schimmelreiter), als Träger des Tages und der Nacht, als Sinnbilder für Weisheit, Weissagung, Kraft und männliche Potenz wie auch für Herrentum, Krieg und Zerstörung.[18] Doch erst das Brautbett gibt einen Fingerzeig auf den Empfänger solcher Opfer: eine chthonische Göttin als Herrin über den Erdenschoß und seine Wasser, über die Fruchtbarkeit von Pflanze, Tier und Mensch, über Gedeihen und Vergehen, über Leben und Tod, die sich den Germanen in der Frigg verkörpert hat.[19] Mit der Christianisierung wird sie von der Gottesmutter verdrängt, die sich hier – wie auch andernorts – an die Stätte der älteren Muttergöttin setzt.

Eher von magischer als von historischer Bedeutung erscheint auch Winnigstedts Jahreszahl 1333. Im Sinne der mittelalterlichen Zahlenmystik verschlüsselt sie die anagogische Bedeutung des Ereignisses: die 13 als Sigel des Unheils, die 33 als Zahl der Lebensjahre Jesu, womit im Sinne christlicher Heilserwartung das Unheil in Christo aufgehoben ist und der Erlöser in seinem Kreuzestod an die Stelle des heidnischen Sühneopfers tritt.

Doch noch immer bleiben Entstehungszeit und Zweckbestimmung der Zwergenlöcher offen. Wohnhöhlen, die in den Sandsteinmassiven vor dem Harz-Nordrande – besonders zwischen Quedlinburg, Halberstadt, Derenburg und Heimburg – nicht eben selten sind,[20] können sie nicht gewesen sein. Diese vergraben sich niemals in Bergestiefe, sondern liegen stets hinter der Felsoberfläche, durch Tür- und Fensterlöcher oder mittels weiter, bis auf Tür und Fenster vermauerter Felsöffnungen mit dem Draußenherum verbunden. Auch als Lagerkeller sind sie völlig ungeeignet.[21] So bleibt denn nur eine militärische Verwendung zu mutmaßen. Die Felssäle könnten zum Versammeln und zeitweiligen Aufenthalte kleiner Trupps von Fußvolk gedacht gewesen sein. Darauf weist besonders der nachträglich angefügte untere Westsaal mit dem Lüftungsschachte hin; sein eigener Zugang gestattet im Sinne einer Ausfalltür das unbemerkte Entweichen oder überraschende Hervorbrechen der hier Verborgenen. Derselbe Zweck macht auch die beiden verengten Pforten mit den Abarbeitungen für Holzsperren vor dem oberen Treppenabsatz und dem Brunnen einleuchtend: sie sollten dort ein Eindringen jeweils von oben her erschweren. Und das Wichtigste: die hier Eingeschlossenen hatten – unabhängig von der Besetzung des Münzenberges – ungehinderten Zugang zum Trinkwasser. Durch den Brunnenschacht und die Höhlungen war auch für die Besatzung des Münzenberges im Falle der

Einschließung und Eroberung ein heimliches Entkommen möglich[22]. Die Haupttreppe mit ihren bis zum ersten Absatz ungewöhnlich weit über Menschengröße hinausreichenden Dimensionen und den – z.Zt. nur im unteren Abschnitt sichtbaren – niedrigen Felsstufen läßt sich dergestalt nur als eine Reiterstiege erklären.

In diesem Zusammenhange scheint der Ostsaal mit der ehemals breiten Bogenöffnung zum oberen Treppenabsatz hin für das Einstellen von Pferden gedient zu haben. Die beidseitigen, miteinander nicht korrespondierenden Balkenlöcher enträtseln sich dann als die Verankerungen hölzerner Pferdeboxen in den Felswänden. Der dadurch gesteigerte Bedarf an Wasser macht auch den Handlauf am unteren Treppenabschnitt zum etwas bequemeren Befördern der Wassereimer oder -bütten begreiflich.

Aus dem Dargelegten ergibt sich zwangsläufig eine Entstehungszeit im Mittelalter. Beide Hypogaeen unterm Stroh- wie unterm Münzenberge – dieses in einer späteren Arbeitsphase um die mit dachförmigen Decken versehenen Verlängerungen der älteren Säle und um den gleichartigen unteren Westsaal erweitert – weisen im Hinblick auf ihre großzügige und ziemlich einheitliche Planung, ihre großräumigen Dimensionen und ihre technische Qualität auf einen Auftraggeber, dem Arbeitskräfte und Geldmittel in erheblichem Umfange verfügbar waren. Zugleich müssen sie im Zusammenhange mit der massiven Befestigung des Münzenbergs gesehen werden. Die beiden dafür bereits dargelegten Datierungsvorschläge in die Zeiten des Kampfes der Salierkönige mit ihren Gegnern, hier vor allem mit den weltlichen und kirchlichen Fürsten des ostfälischen und nordthüringischen Umkreises, 1073-1115 oder des staufisch-welfischen Thronkonfliktes 1198-1218 bzw. – in Quedlinburg – bis 1224/25, mögen vorerst auch für die Zwergenlöcher gelten. Allerdings findet sich im weitesten Umfelde keine weitere, ihnen vergleichbare Anlage[23]. Ihre endgültige Erklärung werden sie wohl erst nach einer Vermessung und archäologischen Untersuchung in bau- und siedlungsgeschichtlicher Bezogenheit auf die Befestigungen auf dem Stroh- und Münzenberge finden.

Das Marienkloster

Zur Geschichte

Im Jahre 986 gründete die erste Reichsäbtissin Mathilde, Ottos I. machtbewußte Tochter, im Auftrag ihres eben erst sechsjährigen Neffen Otto III. und mit Unterstützung seiner Mutter, der Armenierin Theophano, die eben damals als Reichsregentin häufiger in Quedlinburg Hof hielt, ein Benediktinerinnenkloster, das sie der Gottesmutter widmete[24]. Ob aus den vor- und frühgeschichtlichen Wurzeln damals noch immer oder wieder eine Höhensiedlung auf dem Münzenberg bestand, läßt sich mangels Nachrichten, Untersuchungen und Bodenfunden nicht ermessen. Die topographischen Gegebenheiten der Kuppe und des Klosters machen es jedoch wahrscheinlich, daß die Klostergründung nur die Osthälfte des Berges eingenommen und sich in bzw. neben eine bestehende Siedlung gesetzt hat.

Münzenberg mit der Münzenberger Schule über dem Sanctuarium der Marienkirche

Das Marienkloster - zur Geschichte

Das von H. Goebke 1963 „entdeckte", dazu falsch gelesene Gründungsjahr 961 unter dem anfänglichen Patrocinium des Erzengels Michael entsprechend dem 1545 angefertigten Kopial einer Urkunde König Ottos (I.) im ehemaligen Zentralarchiv Merseburg, das sich in Wirklichkeit auf eine Urkunde Ottos I. von 956 für das Kloster (Alt-) Michaelstein über dem sogenannten Volkmarskeller bezieht, beruht auf einer fatalen Fehldeutung, welche die Quellen arg mißdeutet hat[25].

Obwohl dem Kloster eine eigene Äbtissin und ein Propst für die Gottesdienste, die Seelsorge und für die geschäftlichen Belange vorstanden, blieb es dem Reichsstifte auf dem Nachbarfelsen unterstellt, das seine Geschicke weitgehend bestimmte. Demgemäß ist es geschichtlich kaum hervorgetreten außer jener einen Begebenheit, daß sich die Nonne Bia als Inclusa auf den bischöflichen Jagdhof Huysburg mit seiner Marienkapelle zurückgezogen und dort Gleichgesinnte zu einem Convent frommer Einsiedlerinnen um sich geschart hat. Nach dessen Regulierung durch den Ilsenburger Reformabt und nachmaligen Halberstädter Bischof Herrand um 1070 ward diese Einsiedlerinnengemeinschaft zur „Keimzelle" der Benediktinerabtei Huysburg, die Bischof Burchard II. („Buko von Halberstadt") 1084 als ein Doppelkloster in aller Form begründete. Bei der Einweihung 995 schenkte König Otto III. dem Marienkloster einen Hof und eine Hufe Ackers zu Dittershausen (Titereshusun) bei Kassel *(v. Erath: sec. X, Nr. 36)*[26]. Dennoch blieb seine Ausstattung trotz weiterer Zuwendungen der Könige Konrad II. 1036 *(v. Erath: sec. XI, Nr. 5)* und Heinrich IV. 1063 *(v.*

Winzenburg bei Thale

Erath: sec. XI, Nr. 9), die ihm Güter in den Dörfern Lüttgen- oder Windischen-Salbke (Winediscunsalebizi), einer Wüstung bei Salbke im Süden Magdeburgs, und in Eggerode (Ecghardtasrod), einer Dorfstelle zwischen Thale und Wienrode, überließen, trotz Schenkungen der Reichsäbtissinnen und der Grafen von Falkenstein als Schirmvögten des Reichsstiftes, trotz der Übereignung von Grundstücken und Einnahmen in und um Quedlinburg durch Adlige und Bürger bescheiden, und sie verminderte sich nach der Mitte des 13. Jahrhunderts rasch durch notgedrungene Verkäufe. Seit der Gründung gehörte dem Kloster die Schiffsmühle am Schiffbleek (molendinum ad naves); 1305 erhielt es zum Bau einer zweiten Mühle von der Reichsäbtissin Bertradis II. einen Fleck an der Bode bei der jetzigen Wüstung Knüppelrode (Krüppelrode) unterhalb der Altenburg *(v. Erath: sec. XIV, Nr. 21)*. Die mit dem Besitz von Mühlen verbundenen Gefälle und Gerechtsame waren jedem Eigner eine wichtige, deshalb hart umstrittene und zäh behauptete Einnahmequelle. Auch die Holzungen auf der Winzenburg (Roßtrappe) bei Thale und auf den Ken- oder Königsteinen (Klusfelsen) bei Halberstadt gehörten dem Marienkloster, desgleichen ein Weinberg am Südhange der Altenburg *(Schmidt: Bd. I Nr. 266)*. Noch 1516 werden die Klusfelsen vor Halberstadt als Besitz des Marienklosters bezeugt: „Zum Heiligen Kreuz in der Klus, Kenstein genannt, außerhalb Halberstadts gelegen" *(Landeshauptarchiv Magdeburg, Rep. Kloster Münzenberg Nr. 113)*.

1174 überwies die Reichsäbtissin Adelheid III. ihm das Johannishospital im Westendorfe *(v. Erath: sec. XII, Nr. 24 und Jani-*

Klusfelsen bei Halberstadt

cke: Nr. 16). Zwischen 1184 und 1203 setzte der wohlhabende, kinderlos gebliebene Quedlinburger Tuchhändler Thankolf (Dankolf) – der erste namentlich beurkundete Quedlinburger Bürger – gegen eine nach seinem Ableben fällige Leibrente für seine Frau Swanhilde (eine durch die Stiftung erkaufte Altersversicherung!) die „glückselige Jungfrau Maria" auf dem Münzenberg zur Erbin ein und spendete ihr Gelder zum Verbessern der klösterlichen Wohnverhältnisse, zum Gießen einer Glocke und zu Baumaßnahmen auf dem Klostergute Dovenrode *(v. Erath: sec. XII, Nr. 41 und Janicke: Nr. 18),* dessen Lage im Unterharz noch nicht bestimmt ist, nahe dem aber Graf Siegfried von Blankenburg dem Kloster 1222 zwei Waldstücke vergab *(UB Halberstadt I Nr. 545).* 1211 bestätigte die Reichsäbtissin Sophie von Brehna eine zweite Schenkung Thankolfs: eine Mark Silbers an Zins von einem Steinhause in der Altstadt „zur Besserung der Pelze und Mäntel der Nonnen", die der stiftische Ministeriale Hermann von Marsleben um eine halbe Hufe Landes und eine halbe Mark ergänzte *(v. Erath: sec. XIII, Nr. 83 und Janicke: Nr. 30).* Dies spiegelt die nicht eben gesegneten Verhältnisse des Klosters wieder. Zum Heben dieser kargen Umstände sollten wohl auch die folgenden Zuwendungen beihelfen: die Schenkungen eines Fleischscharrens für das Klosterhospital durch den Canonicus Johannes Leo 1240 *(v. Erath: sec. XIII, Nr. 83 und Janicke: Nr. 30),* einer Hofstelle in der Altstadt durch den Priester Heinrich von Warnstedt 1244 *(v. Erath: sec. XIII, Nr. 93 und Janicke: Nr. 31),* zweier eigens zuvor erkaufter Höfe in der Neustadt durch die Patrizierin Mechthild de granario („vom Kornhause") 1302 *(v. Erath: sec. XIV, Nr. 12 und Janicke: Nr. 70)* und der Kauf von zwei Hufen Ackers zu Lüttgen-Harsleben, einer Wüstung zwischen Harsleben und Halberstadt, durch den Quedlinburger Kanoniker Heinrich von Schneidlingen für den Altar St. Catharinae und Mariae Magdalenae der Klosterkirche auf dem Münzenberge 1304 *(v. Erath: sec. XIV, Nr. 34 und 39),* dazu der Verzicht des Stiftes auf fünf Hufen und einen Hof zu Sülten, jener großen Dorfstätte östlich des Vorwerks Morgenrot, zugunsten des Marienklosters 1314, die ein Jahr zuvor der Ministeriale Bernhard von Ditfurt dem Kloster überlassen hatte *(v. Erath: sec. XIV, Nr. 73 und 84).*

Dazu kamen Zuwendungen von Grundstücken und Geldern durch

stiftische Ministerialen: 1255 acht Mark Silbers zu einer jährlichen Gedenkmesse für eine gewisse Sileka, Witwe in Wienrode *(v. Erath, sec. XIII, Nr. 142)*, 1311 eine halbe Hufe zu Groß-Sallersleben durch Berthold von Hoym *(v. Erath: sec. XIV, Nr. 59 und Janicke: Nr. 77b)*, 1318 eine Hufe in der Flur von Groß-Orden für eine Meßstiftung der Brüder Bethmann, Gebhard und Heinrich von Hoym am Nikolaialtare der Marienkirche *(v. Erath: sec. XIV, Nr. 97)*, für denselben Altar 1320 fünf Mark Silbers zu Seelmessen durch Heinrich von Sallersleben für sich und seine Angehörigen *(v. Erath: sec. XIV, Nr. 122 und Janicke: Nr. 92)* und 1323 eine Hufe zu Groß-Sallersleben für jährliche Gedächtnismessen durch die Quedlinburger Bürger Heidenreich Wokerer und Henning Hartung *(v. Erath: sec. XIV, Nr. 132 und 134)*.

Reste der Hospitalkapelle St. Johannis

1327 stifteten die Edelherren Otto und Werner von Hadmersleben als Sühne für ihren Mord an dem vorgenannten Bethmann von Hoym drei Hufen Ackers zu Tarthun und ein Haus in Egeln für den Altar St. Georgii in der Klosterkirche *(v. Erath: sec. XIV, Nr. 153 und 160)*. Auch die Grafen Albrecht II. und Bernhard I. von Regenstein bedachten das Kloster 1339 mit einer Hufe Landes zu Weddersleben *(v. Erath: sec. XIV, Nr. 232)*, und 1354 schenkte der Münzenberger Propst Konrad seinem Kloster eine Hufe zu Lüttgen-Harsleben, die er zuvor von dem Halberstädter Ministerialen Heiso de Winscrivere erworben hatte *(v. Erath: sec. XIV, Nr. 293)*. Auch im Testament des Halberstädter Domherrn Ludolf von Neinstedt von 1372 war es mit einer halben Mark Silbers bedacht worden *(Schmidt: Bd. IV, Nr. 2817)*.

All diese vergleichsweise bescheidenen Zuwendungen konnten den wirtschaftlichen Niedergang des Marienklosters nicht ausgleichen. Der hatte schon 1251 mit dem Verkaufe von drei Hofstellen in Quedlinburg an den Priester Johannes von Rieder begonnen *(v. Erath: sec. XIII, Nr. 119 und Janicke: Nr. 33)*. Ein Jahr später überwiesen Propst und Äbtissin ihrem Nonnenconvente die Einkünfte von einer Hufe Landes in Warnstedt als Ersatz für diejenigen des aus Not verkauften Fleischscharrens, den er 1240 geschenkt erhalten hatte *(v. Erath: sec. XIII, Nr. 132 und Janicke: Nr. 35)*. 1259 verkaufte das Kloster eine Hufe Ackers zu Rodersdorf, welche die Reichsäbtissin Gertrud von Ampfurt dem neugegründeten Heilig-Geist-Hospitale überwies *(Janicke: Nr. 39)*, und 1261 überschrieb die Äbtissin Bia eine Hufe Ackers in Ballersleben gegenüber Ditfurt, die sie zuvor durch Hermann von Marsleben erhalten hatte, dem Priester Helmold von Ballersleben *(v. Erath: sec. XIII, Nr. 160)*. 1281 überließ der Convent auf dem Münzenberge zwei Marktstände auf dem Marktkirchhofe der Kürschnerinnung gegen einen Erbzins *(v. Erath: sec. XIII, Nr. 295 und Janicke: Nr. 54)*, 1310 zwei weitere Stände ebendort und zur selben Bedingung von 24 Schilling jährlichen Zinses an den Rat der Altstadt *(Janicke: Nr. 77)*. 1344 mußte es eineinhalb Hufen zu Sülten an den Ministerialen Hinz von Örner veräußern *(v. Erath: sec. XIV, Nr. 249)*. Beschleunigt wurde der Vermögensverfall durch die Bedrückungen der Grafen von Regenstein in ihren Fehden mit der Stadt Quedlinburg und dem Bischof von Halberstadt, in denen sie die vom Reichsstifte abhängigen Klöster „zu un(er)träglichem Dienste" zwangen *(Schmidt: Bd. III, Nr. 2271 zu 1334)*.

Diese Verluste konnte auch der Kauf von Einnahmen in Silberwährung – so 1313 von der Münzenberger Nonne Mechthild von Orden *(v. Erath: sec. XIV, Nr. 79)* und 1327 von dem Gernröder Canonicus Dietrich von Harsleben im Werte einer halben Mark Silbers von einer Hufe zu Ditfurt *(v. Erath: sec. XIV, Nr. 154)* – und der Erwerb eines Hofes zu Groß-Sallersleben mit einer halben Hufe am Heidberge 1403 von dem Bürger Tile Sydenvut *(v. Erath: sec. XV, Nr. 8)* nicht ausgleichen. Dennoch besaß das Kloster 1355 noch ein Eigengut (allodium) in der Neustadt *(v. Erath: sec. XIV, Nr. 304)* und ansehnliche Bareinkünfte. In einem Tauschvertrag mit dem Wipertistifte 1486 werden Äcker, Wiesen und Baumgärten bei Ergerfeld, einer Dorfstätte zwischen Quarmbeck und der Aholzwarte, und Weingärten an der Altenburg erwähnt *(v. Erath: sec. XV, Nr. 306)*. Doch schon 1463 mußte die Reichsäbtissin Hedwig von Sachsen den Verkauf von Einnahmen – u.a. in Salbke bei Magdeburg – „um der Not willen" *(v. Erath: sec. XV, Nr. 245, 246 und 248)* und 1515 auch das Veräußern von Hof und Grundbesitz in Lüttgen-Salbke, der Schenkung Konrads II. *(v. Erath: sec. XVI, Nr. 19)*, bewilligen, wo das Kloster schon 1285 Rechte an die Adligen Dietrich und Otto von Roniz abgetreten hatte *(v. Erath: sec. XIII, Nr. 309)*.

Damit endet vorerst der wirtschaftliche Abstieg des kleinen Klosters, dessen Geschicke sich ohne irgendwelche „dramatischen" Ereignisse, ohne kirchen- oder geistesgeschichtliche Bedeutung in einem zähen, kleingliedrigen Kampf um seine ökonomische Existenz erschöpft hatten.

Nach der Erstürmung, Niederwerfung und Entfestigung der Reichsabtei 1224 durch Graf Hoyer II. von Falkenstein, ihren Schirmvogt[27], besiegelte der Vergleich mit der unterlegenen Reichsäbtissin Sophie von Brehna die Entmachtung des reichspolitisch einst so bedeutsamen Stiftes Quedlinburg. Jetzt endlich konnte Hoyer II. lang gehegte Hausmachtbestrebungen in und um Quedlinburg ungehemmt verwirklichen, in die er auch das Marienkloster einbezog. Schon 1223 hatte er gegen den Willen der Reichsäbtissin, die allein dazu befugt gewesen wäre, seine Schwester Mechthild als Äbtissin auf dem Münzenberge eingesetzt. 1231 lancierte er seine Verwandte Osterlindis zur Reichsäbtissin, die indes im darauffolgenden Jahre starb. Ihre Nachfolgerin Gertrud von Ampfurt bestätigte 1240, daß Hoyers Gemahlin Helmburgis dem Marienaltare der Klosterkirche für eine tägliche Marienmesse eine ansehnliche Pfründe im Werte von 23 Mark Silbers gestiftet habe, wobei sie auf „glücklich durchgeführte" Baumaßnahmen hinweist[28]. Wohl gleichzeitig erhielt das Kloster ein Eigengut (allodium) am Nordfuße des Münzenberges, das späterhin als „Woorth" bezeichnete Münzenberger Vorwerk. 1486 gab die Reichsäbtissin Hedwig von Sachsen eine zweite „Woorth" östlich der ersten – zwischen dem Vorwerk und der Wipertistraße – hinzu mit der Weisung, dort einen Garten und bergan zum Kloster einen Laubengang anzulegen, damit die Nonnen ungesehen in den Garten gelangen können *(v. Erath: sec. XIV, Nr. 307)*. Die „Fürsorge" Hoyers von Falkenstein verschaffte dem Convente 1252 wohl auch den Schutzbrief des Kardinallegaten Hugo zu St. Sabina *(v. Erath: sec. XIII, Nr. 124)*. Ein Jahr später grenzte er gegenüber seiner Schwester Mechthild die Vogteirechte über das Kloster ab *(v. Erath: sec. XIII, Nr. 133)*.

Für die Ausstattung des Klosters war die Übertragung der Kirche des wüstgefallenen Ortes Gersdorf durch die Adligen Gebhard und Jordan von Gersdorf sowie Arnold, Heinrich und Johann von Berge und ihre Incorporation durch Bischof Volrad von Halberstadt 1267 wichtig *(v. Erath: sec. XIII, Nr. 201 und 205)*: denn als sie 1270 abgebrochen wurde, durfte das Kloster nebst den Gebeinen der dort bestatteten Ritterbürtigen, die ein gemeinsames Grab innerhalb des Klosterbereichs erhalten sollten, deren Reliquien und Kleinodien übernehmen. Diese beiden Ereignisse umschreiben denn auch den „Höhepunkt" in der Geschichte des Marienklosters.

Das Vorwerk Gersdorfer Burg, die Stätte von Gersdorf, mit dem Turm der Burg

Bei einem Bürgeraufstand gegen den streng altgläubigen „Schutzherrn" Herzog Georg von Sachsen 1523 im Vorfelde des Bauernkrieges ist auch das Marienkloster gestürmt und ausgeplündert worden. Von den geflohenen Nonnen kehrten nur wenige zurück. Erst nach Herzog Georgs Tode 1539 löste es die Reichsäbtissin Anna II. von Stolberg auf und zog im Verlaufe der Kirchenvisitation, die Georgs evangelischer Nachfolger und Bruder Heinrich 1540 angeordnet hatte, seine Güter zum Stiftsvermögen ein. Die letzten Nonnen, die – nun schon in weltlicher Tracht – auf dem Münzenberge still und zurückgezogen eine Pension verzehrten, weil niemand aus ihren Familien sie wiederhaben wollte, waren um 1550 tot. Danach ließ das Stift – Nutznießer der Wertsachen und Liegenschaften, aber nicht willens und imstande zum Erhalt der Bauten – das ausgeleerte, unnütz gewordene Bergkloster verfallen.

Zur Klosteranlage

Die Klosteranlage hat sowohl inner- wie unterhalb der heutigen Münzenbergbebauung keine, in der urkundlichen Überlieferung nur geringe Spuren hinterlassen. Entsprechend den topographischen Gegebenheiten kann sie nur nördlich und westlich der Kirche in der Osthälfte der Bergkuppe gelegen haben.

In der Schenkung des Bürgers Thankolf und seiner Gemahlin Swanhilde von 1184/1201 werden neben den Geldern zum Guß einer Glocke, die mittelbar das Vorhandensein älterer Türme vor dem großen Glockenturme des 13. Jahrhunderts an der Südseite bezeugt, Zuwendungen für ein beheizbares Gemach im Kloster (stupa locata in claustro), für eine Heizung – sicherlich eine jener Fußboden-Heißluftheizungen, wie sie auch andernorts in Klöstern, Pfalzen, Fürsten- und Ordensburgen, auch in Rathäusern und Ordenshöfen nachgewiesen sind – im Refectorium (pyrale in refectorio) und für die Propstei veranschlagt. Die Stiftung des Fleischscharrens durch den Kanoniker Johannes Leo 1240 sollte den „erkrankten Herrinnen", diejenige einer Hofstelle in der Altstadt 1244 durch den Priester Heinrich von Warnstedt einem Krankenhause (domui infirmarie) im Klosterbereich zugute kommen. Damit erschöpfen sich die urkundlichen Nachrichten zu den Gebäuden des Marienklosters. Aus der jetzigen Bebauung mit ihren noch immer nicht untersuchten Kellern sind keine Rückschlüsse auf ihre Lage möglich. Eine geschlossene Klausur mit Kreuzgang kann es nicht gegeben haben: im Süden ist die Kirche zu nahe an den Steilhang gerückt worden; an der freistehenden Nordseite mit ihrem z.Zt. großenteils entblößten Mauerwerk zeigen sich nicht die geringsten Spuren von Gebäudeanschlüssen. Refectorium, Infirmatorium und Propstei müssen als vereinzelte Gebäude im Norden, Nordwesten und Westen der Klosterkirche angenommen und gesucht werden. Ob der romanische Mauerrest, der die Westwand der Schwarzen Küche bildet, einem der Gebäude zuzuweisen ist, muß vorerst unentschieden bleiben. Deren Bausubstanz ist sicherlich in den kleinen Häusern des Städtchens Münzenberg wiederverwendet und vernutzt worden.

Die Klosterkirche St. Marien

Die in und zwischen 17 Wohnhäuser aufgeteilte und verkeilte Marienkirche ist im Hinblick auf ihre Ausdehnung von knapp 36 m Länge und etwa 16 m Breite wie auch hinsichtlich des kargen baukünstlerischen Aufwands ein bescheidenes, angesichts ihres Grund- und Aufrisses ein ganz ungewöhnliches, weitum auch einzigartiges Gebäude. Die erhaltenen umfangreichen Reste lassen sich im Grundriß ergänzen zu einem deutlich dreigeteilten, insgesamt aber sehr kompakt komponierten Kirchenbau, bestehend aus einem dreizelligen Sanctuarium mit geräumiger Halbkreis-Apsis im Osten als Gegenüber einem voluminösen rechteckigen Querbau im Westen, die beide eine kurze Pfeilerbasilica von nahezu quadratischem Umriß wie einen Zentralraum zwischen sich nehmen, über den sie nur äußerst knapp auskragen. Nachträglich ist vor die Südstirn des Sanctuariums ein quadratischer Turm gestellt worden.

Die Bausubstanz ist – außer der verschwundenen Südwand des Mittelschiffs und der nur streckenweise in der Länge eines Jochs vorhandenen südlichen Außenwand – noch bis in Erdgeschoß bzw. Seitenschiffhöhe in, hinter und zwischen den Häusern Münzenberg 2-6 und 11-17 erhalten.

Das Marienkloster - die Klosterkirche St. Marien

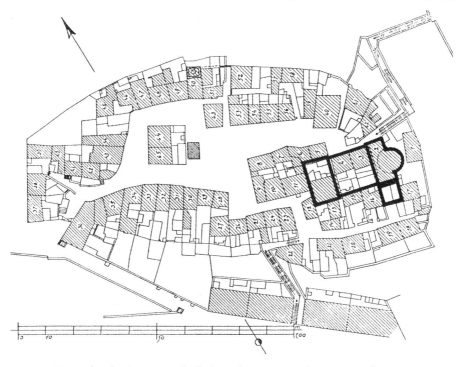

Marienkirche, Lage innerhalb der Bebauung, Zeichnung A. Zeller 1912

Die Problematik dieser kleinen Kirche besteht nicht in der Baugeschichte; die ist durch Urkunden und Nachrichten hinreichend verbürgt: 986 gegründet[29] und bald darauf – spätestens 987 – begonnen, ist sie am 7. Mai 995 durch Bischof Arnulf von Halberstadt geweiht worden *(v. Erath: sec. X, Nr. 36).* Aber schon 1015 traf ein Blitzschlag das Marienkloster. Die rasch wiederhergestellte Anlage konnte bereits ein Jahr später bezogen und am 22. Februar 1017 durch Erzbischof Gero von Magdeburg und wiederum Bischof Arnulf von Halberstadt im Beisein König Heinrichs II. abermals geweiht werden[30]. Dies alles ist zudem an der Verschiedenheit von Baumaterial und -technik abzulesen: die originalen Partien der Erbauungszeit 986/987 bis 995 bestehen aus – ehemals verputztem – Bruchstein, die erneuerten des Wiederaufbaus von 1015-1017 aus Sandsteinquadern: die voluminöse Ostapsis mit ihrem schräg abschließenden Sockel, einem der ganz wenigen gliedernden Elemente am gesamten Bau-

Das Marienkloster - die Klosterkirche St. Marien

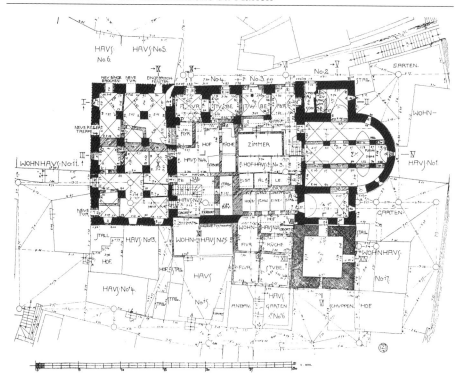

Marienkirche, Grundriß, Bestandsaufnahme A. Zeller 1912

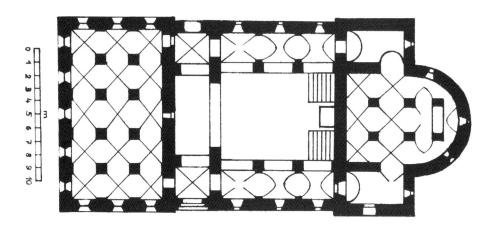

Marienkirche, ergänzter Grundriß

werk, und der Nordquerarm, dazu die Pfeiler und Gewölbe der Ostkrypta. Die Langhausmauern und der Westquerbau dagegen bestehen aus hammerrecht behauenem und lagerrecht versetztem Sandsteinverband, der sich vom Bruchsteingemäuer der Gründungszeit – u.a. am Südquerarm – als deutlich qualitätvoller abhebt, die Sorgfalt der 1015-1017 neuerrichteten Bauteile des Sanctuariums aber nicht erreicht. Die Gleichartigkeit der Stützen und Wölbungen von Ost- und Westkrypta gestatten allerdings den Schluß, daß Langhaus und Westquerbau keinen dritten Bauabschnitt, sondern nur eine zweite Phase des Wiederaufbaus 1015 bis 1017 – vielleicht nach einem Wechsel der Bauhütte, wohl aber nicht des Bauplanes – anzeigen. Die anscheinend letzten Hinzufügungen unter Graf Hoyer II. von Falkenstein lassen sich aufgrund der chronistischen und urkundlichen Nachrichten, der ikonographischen und stilkritischen Analysen auf die Jahre um 1230, mit gewisser Wahrscheinlichkeit auf 1231/32 festlegen. Davor muß die nachträgliche Einwölbung der Seitenschiffe erfolgt sein.

Das bau- und kunstgeschichtliche Problem der Kirche offenbart sich in der Rekonstruktion des Aufrisses und seines entwicklungs-

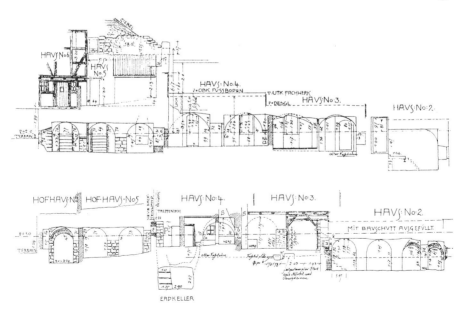

Marienkirche, Längsschnitte, Zeichnung A. Zeller 1912

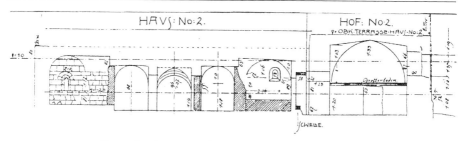

Marienkirche, Querschnitt, Zeichnung A. Zeller 1912

geschichtlichen „Standortes" innerhalb der ottonischen Kirchenbaukunst Deutschlands, aber auch in der Deutung der Bauteile nach ihrer Zweckbestimmung. Denn diese kleine und kompakte, knapp 35,5 m lange und etwa 16,0-16,3 m breite Kirche ist ein Fremdling in der frühromanischen Architekturlandschaft nicht nur des Harzgebietes.

Von dem in sich fast quadratischen Langhause, einer gedrungenen Basilica, ist das gewölbte Nordseitenschiff – seit langem jochweise unterteilt in Kämmerchen und Stübchen – vollständig erhalten. Die verstümmelten, z.T. rechteckig abgearbeiteten Pfeiler und die zerstoßenen Mittelschiffarkaden offenbaren eine kurze, nur vierjochige Pfeilerbasilika ohne alle gliedernden und schmückenden „Zutaten". Ihre freistehende Nordseite hat infolge späterer Fenstereinbrüche, welche die originalen Rundbogenfenster völlig getilgt haben, jedes Ansehen eines Kirchenbaus verloren. Jedoch ist bei den z.Zt. noch immer nicht beendeten Umbauten am Hause Münzenberg 4 nach dem Abschlagen des Putzes 1992 am westlichen Joche ein Rundbogenportal entblößt worden, das die späterhin in seine Öffnung eingefügte barockzeitliche Stichbogentür überfängt[31]. An Gewölben enthalten die beiden östlichen Joche segmentbogige Längstonnen mit rundbogigen Stich-

Münzenberg 4, das Nordportal

Marienkirche, Rekonstruktionsvorschlag von Nordosten

kappen, das dritte Joch dagegen ein verdrücktes Kreuzgratgewölbe. Das westliche Joch indessen ist von einem exakten Kreuzgratgewölbe auf Eckkonsolen überdeckt und war durch einen Gurtbogen abgeteilt, unter den nachträglich – vielleicht im Zusammenhange mit der Einwölbung – eine Füllmauer mit verengtem Bogendurchgang gezogen wurde, wahrscheinlich um dem nun entstandenen Gewölbeschub entgegenzuwirken. Über diesem quadratischen Joche stand einer der beiden schlanken Westtürme, deren südlichen die Quedlinburger Stadtansicht in der Welttopographie von Georg Braun/Franz Hogenberg 1572-1598 („abgekupfert" in derjenigen von Martin Zeiller/ Matthäus Merian) abbildet. Der starke, ausnahmsweise mit einem breiten Wulstkämpfer versehene Arkadenpfeiler dieses Joches hatte zum Mittelschiff hin eine Vorlage: sicherlich die Stütze eines Bogens, der dieses westliche Turmpaar über das Mittelschiff hinweg verstrebte.

Das spätere Einhängen der Gewölbe zeigt sich im Überschneiden des Nordportalbogens, was beim spätromanisch umgeformten Süd-

Das Marienkloster - die Klosterkirche St. Marien

Gewändesäule, nördliches Seitenschiff

portale durch ein Bogenfeld ausgeglichen worden ist, und in den z.T. klaffenden Fugen zwischen den Gewölbebögen und der Nordwand. Zudem bleibt fraglich, ob die in sich uneinheitliche Wölbung in einem Zuge vorgenommen wurde: während die Stichbogentonnen als archaische Gewölbeart denen im älteren Westabschnitt der Krypta unter der Stiftskirche – dem Überrest der 1070 abgebrannten älteren Stiftskirche III B 997-1021 – zur Seite gestellt werden können, verkörpert das „klassische" Kreuzgratgewölbe des westlichen Turmjochs den Kanon der ausgereiften Wölbtechnik seit dem 11. Jahrhundert.

Ebenso fraglich bleibt mangels weiterer Anzeichen, ob sich die Einwölbung in einen größeren Umbau innerhalb des 11. oder 12. Jahrhunderts einordnen läßt. Auf einen solchen könnte die Gewändesäule mit Würfelkapitell samt Halsring und stark bestoßenem Ranken(?)-Dekor, dazu mit einer attischen Basis samt Ecksporen, die 1992 in den Aufschüttungen unter dem zweiten westlichen Joch des Nordschiffs zutage kam, allerdings hindeuten. Vom Turmjoche vermittelt eine schmale Rundbogenpforte den Durchgang zu der etwas tiefer gelegenen Westkrypta im Erdgeschoß des Westquerbaues. Glücklicherweise ist darüber dessen Nordostecke bis in Obergeschoßhöhe mit einer – gegen die untere Öffnung leicht südwärts verschobenen – Rundbogentür samt Anschlagsfalz eines Türflügels vorhanden. Sie führte einst vom Obergeschoß des Westquerbaus zu demjenigen des Nordturmes und durch ihn hindurch zu einer Empore über dem Nordseitenschiff[32]. Deren einzige greif- und sichtbaren Beweise, ihre Fenstersohlbänke samt den Gewändeansätzen in der Höhe von ein bis zwei Steinlagen am Obergeschosse von Münzenberg 4, sind während des Umbaues beim Aufsetzen des neuen Oberstocks aus Gasbetonquadern 1991 von dem schlecht beratenen Bauherrn beseitigt, die Emporentür überkleidet und selbst die Seitenschiffpfeiler und -arkaden mit Ziegeln und Betonquadern eigenmächtig „ergänzt" worden. Dieselben Befunde sind strukturgegeben auch für das Südschiff anzunehmen. Von diesem sind nur der östliche Halbpfeiler und ein Mauerstück am zweiten westlichen Joch im Anschluß an die Lücke des spätromanischen Hauptportals in situ. Daß auch das Südschiff gewölbt gewesen ist, beweist eine Eckkonsole im Südostwinkel.

Marienkirche, nördliches Pastophorion

An dieses so merkwürdige Langhaus schiebt sich das um 34 cm knapp ausfahrende dreigeteilte Sanctuarium mit der um etwa 1,75 m tiefer gelegenen Ostkrypta. Eingepaßt in den Umriß eines querrechteckigen Chores mit der absatzlos anschließenden Apsis in der Mitte ist sie als dreischiffige, vierjochige Hallenkrypta angelegt, geteilt durch längsrechteckige – innerhalb der Apsis schwächere – Pfeilerpaare und überspannt in den zwei westlichen Jochen durch Kreuzgrat-, in den zwei östlichen innerhalb der Apsis durch Stichkappengewölbe. Ein Rundbogenfensterchen im Scheitelpunkt und zwei Rundluken (oculi) an der Südost- und Nordostrundung der Apsis (das letztgenannte jedoch zerstört) spendeten der niedrigen, gedrückten Halle karges Licht. An die Nord- und Südseite legen sich zwei längsrechteckige Annexe mit je einem Rundbogenfensterchen nach Osten und den Eingängen zur Krypta an den Weststirnen von den Seitenschiffen her. Am östlichen Abschnitt der Annexe in Höhe des zweiten westlichen Jochs der mittleren Hallenkrypta befinden sich die Durchgänge zwischen den drei Räumen, die mittels Stichkappen in die Tonnengewölbe der Annexe einschneiden.

In Einzelheiten unterscheiden sich jedoch die beiden Seitenräume: der südliche vom Gründungsbau 986/987 bis 995 hat eine breitere gedrückte Tonne mit kürzerer Stichkappe und innerhalb des Bogens ein kleineres, südwärts verrücktes Fensterchen; den nördlichen Annex aus der Wiederherstellung 1015-1017 überdeckt eine exakt im Halbkreis darüberhin geschlagene Tonne mit längerer Stichkappe, darunter ein tiefer gelegenes, aus dem Gewölbescheitel leicht nach Norden hin verschobenes Fenster von schmalerer, gestreckter Proportion als das „breitwüchsige" des Südannexes. An der Westseite ist der Nordannex durch die 1716 eingebrachte Treppe zur Münzenberger Schule (Haus Nr. 2) verkürzt worden. In die mittlere Kryptahalle selbst führte kein unmittelbarer Zugang vom Mittelschiff herein: zwei seitliche Treppen klommen zum Hohen Chor empor, die zwischen sich einen Altar umfaßten. 1392 wird der Altar „unsir leven Vruwen in unsem Munster, gelegen twischen der Treppen" ebendort bezeugt *(v. Erath: sec. XIV, Nr. 440)*, als ihn ein gewisser Friedrich von Allenaker bewidmet hat. Die äußere Erscheinung des Sanctuariums als verhältnismäßig hoher östlicher Querriegel ist in den Stadtansichten der Welttopographien von Braun/Hogenberg und – ihr folgend – von Zeiller/Merian noch vor der Neubebauung des Münzenberges festgehalten.

Wenn dieser Grundriß – woran nicht zu zweifeln ist – sich einst im Aufgehenden fortgesetzt hat, wiederholt dieses dreizellige Sanctuarium einen spätantiken Bautyp, der sich in der frühchristlich-syrischen Kirchenbaukunst des 4.-6. Jahrhunderts als zwar nicht einzige, jedoch prägende Baugestalt für Choranlagen herausgebildet hatte: die dreischiffige Basilica mit oder ohne Chorjoch, aber stets mit Apsis, flankiert von zwei sakristeiähnlichen Nebenräumen mit Zugängen von den Seitenschiffen und Ausgängen auf den Chor oder die Chorapsis, den Pastophorien[33]. In der Endzeiterwartung des frühen Christentums galten sie als „die für die Ankunft des Bräutigams (d.h. für die Ankunft Christi als des Bräutigams der Ecclesia analog dem Hohenliede Salomos) bereiteten Wohnungen", wie es der heilige Hieronymus ausgedrückt hatte. Dementsprechend wurden im nördlichen Pastophorion, der Prothesis, die in Prozessionen dargebrachten Opfergaben der Gemeinde – Brot und Wein als die „Abbilder Christi" (imagines Christi) – niedergelegt und aus ihnen das Meßopfer vorbereitet, im südlichen, dem Diakonikon als einer Schatzkammer, die liturgischen Geräte, Gefäße und Ornate aufbewahrt. Außerdem dienten sie als Chorseitenkapellen der Märtyrer- und Reliquienverehrung.

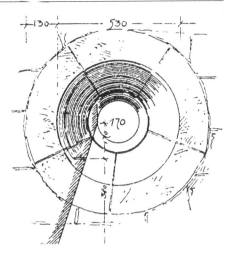

Erhaltener Oculus an der Apsis

Den syrischen Normaltypos verkörpern solche Sanctuarien, bei denen die – nach außen selten hervortretenden – Pastophorien die zumeist rechteckig ummantelte Apsis zwischen sich fassen[34]. Bei einigen Bauten jedoch schiebt sich die Apsis über die Oststirn heraus, so daß zwischen den Pastophorien ein Chorquadrat oder -rechteck Platz findet[35]. Mit diesem erweiterten syrischen Kirchen-

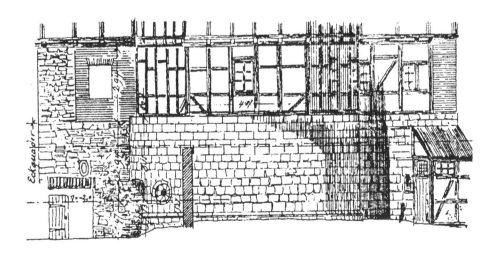

Marienkirche, Sanctuarium von Osten: die Apsis der Ostkrypta

grundriß ist derjenige der Marienkirche auf dem Münzenberge vorgegeben. Der karolingischen Kirchenbaukunst sind diese Grundrisse vielleicht durch die Kolonien syrischer Auswanderer in Südfrankreich (Aquitanien), vertrieben durch die arabische Eroberung Syriens 634-636, vermittelt worden. Obwohl diese Art von Sanctuarien mit dem Einführen der römischen Liturgie im Frankenreiche 754 ihre Funktion verloren hatten, sind sie in der karolingischen Sakralarchitektur gelegentlich noch reproduziert worden[36], erhielten aber – wohl unterm Eindruck byzantinischer Vorbilder – Dreiapsidenschlüsse[37]. Allerdings dienten die Pastophorien nunmehr als Stiftermemorien und -begräbnisse und als Sakristeien[38].

Die Tatsache, daß sich der einapsidiale Grundriß der Quedlinburger Marienkirche dem erweiterten syrischen Typ, nicht den dreiapsidialen karolingischen Sanctuarien anschließt, spricht für eine unmittelbare Beeinflussung aus dem christlichen Südosten. Hierfür könnte die Kaiserin Theophano, die als Mitbegründerin des Klosters hinter ihrem sechsjährigen Königskinde Otto III. stand und eben damals häufiger von Quedlinburg aus das Reich regierte[39], als Anregerin oder

Marienkirche, Ostkrypta, Inneres nach Südosten

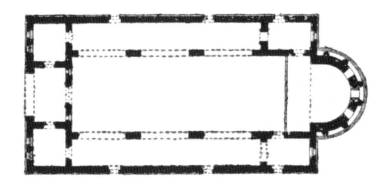

Basilica zu Qalb-Luseh, Grundriß

Basilica zu Qalb-Luseh, Westfassade mit der Portalvorhalle zwischen zwei Seitenrisaliten

Das Marienkloster - die Klosterkirche St. Marien

Basilica zu Qalb-Luseh, Inneres nach Osten mit Querschnitt der Konstruktion

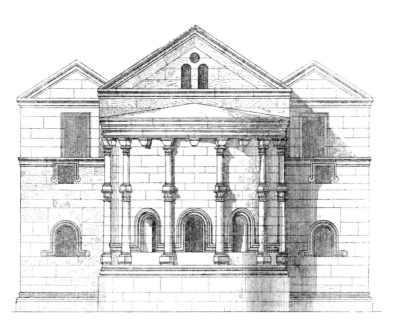

Basilica zu Qalb-Luseh, Ostfassade mit der Apsis

als Überbringerin von Vorlagen oder einschlägig geschulten Klerikern aus ihrer armenischen Heimat als die Urheberin gelten[40].

Unklar bleiben Veranlassung und Nutzung der Quedlinburger Pastophorien – dies umso mehr, als selbst der Hauptaltar nicht auf, sondern vor dem Hohen Chore zwischen den Chortreppen gestanden hat. Dennoch läßt die – gemessen an der Kleinheit des Gebäudes – große Zahl von zehn Altären (von denen sechs ursprüngliche Gründungen, vier spätere Stiftungen des 14. und 15. Jahrhunderts waren) vermuten, daß sie für Altarplätze bestimmt gewesen seien.

Ebenso ungewöhnlich wie das Langhaus und das Sanctuarium ist der Westquerbau, noch knapper als dieses – um eben nur 17 cm – über die Langhausfluchten heraustretend. Das erhaltene Erdgeschoß ist eine fünfschiffige, drei Joch tiefe Halle von gedrückten Proportionen, deren gurtlose Kreuzgratgewölbe von basis- und kämpferlosen Pfeilern über quadratischen Grundflächen und von flachen Wandvorlagen getragen werden[41]. Das leicht verbreitete Mittelschiff

Münzenberg 12, 1992 vor ...   *und nach der „Verschönerung"*

Marienkirche, Westkrypta, vermauerte originale Fenster an der Südwand

verbindet sich zum Mittelschiff des Langhauses durch ein späterhin entstelltes Fensterchen. Die Joch für Joch an Nord-, West- und Südseite verteilten, ebenso gedrungen proportionierten Rundbogenfenster mit ihren schrägen Laibungen sind nur im Süden unversehrt erhalten, im Westen teilweise, im Norden vollständig durch nachmittelalterliche Türdurchbrüche zerstört. Sie alle lassen keinen Eingang von außen her erkennen. Der jetzige Eingang von Münzenberg 12, eine ehemals mit Ziegeln ausgefütterte segmentbogige Türöffnung des späten 19. Jahrhunderts, erweckt mit der 1993 irreführend hergestellten Werksteinverblendung den Eindruck eines ursprünglichen Zugangs, ähnlich dem mißratenen Korbbogenfensterchen daneben, das Originalität anstelle eines Rechteckfensters des 18. oder frühen 19. Jahrhunderts vortäuscht. Undeutliche Spuren weisen auf eine flache Blendbogengliederung, welche die Innenaufteilung nach außen projizierte, hin.

Die nach innen wie außen abgeschrägten Fensterlaibungen enthalten an ihren Stößen innerhalb der Mauerstärke die rechteckigen Nuten für starke Fensterrahmen, deren Reste sich als Eichenholz erwiesen. Sie können nur während des Bauvorgangs eingesetzt worden sein[42]. Zwei originale Türen, von denen nur die nördliche, zwar vermauert, im ungestörten Zustande erhalten, die benutzbare südliche dagegen in späterer Barnsteinausfütterung erkennbar ist, führten von den Seitenschiffen in diese „Westkrypta" hinein. Für eine liturgische Nutzung dieser Halle gibt es keinen Anhalt, zumal bei den Beräumungen 1990 in dem unter einer dünnen Aufschüttung anstehenden, mit Gipsestrich ausgeglichenen Sandsteingrund weder Altarfundamente noch Gräber zutage getreten sind.

Das Marienkloster - die Klosterkirche St. Marien

Nördlicher Eingang zur Westkrypta   *Südwestwinkel der Krypta vor der Entkernung*

Am erhaltenen Nordabschnitt der östlichen Obergeschoßwand zeichnen neben der schon besprochenen Tür zur Empore über dem Nordseitenschiffe zwei Quadergewände eine hohe Bogenöffnung in Breite des entsprechenden Schiffs der Erdgeschoßhalle ab, die sich zu einer pfeilergestützten, nach Breite und Höhe wahrscheinlich gestaffelten Drillingsarkade ergänzen läßt: offensichtlich die Nonnenempore gemäß den Erfordernissen eines Nonnenklosters.

Seit dem späten 16. Jahrhundert wurde – noch kleinteiliger als die schiffsweise zerstückte Ostkrypta – auch diese Halle durch z.T. starke Bruchsteinmauern aus Abbruchmaterial bis auf einen gewinkelten Durchgang von der erwähnten Haustür Nr. 12 zum Hofe, d.h. zum vormaligen Langhause, jochweise in Abstell-, Kohlen-, Holz-, Kaninchenbuchten abgetrennt. Deren Entfernen 1990 hat den in seiner Strenge und geballten Kraft so beeindruckenden Raum zurückgewonnen, der einer öffentlichen Nutzung bereitet werden sollte.

Die Befunde der Westwand in den Obergeschossen des Hauses Nr. 12 deuten auf eine Dreigeschossigkeit dieses Westquerbaus hin. In dem obersten Geschoß lassen sich – mangels einer Klausur mit den entsprechenden Gebäuden – die Zellen der Nonnen, vielleicht auch ein Dormitorium, vermuten[43].

Marienkirche, Westkrypta, Inneres nach Nordosten

Spuren der Nonnenempore

Die von A. Brinkmann behauptete Vorbildlichkeit der um ein Vierteljahrhundert älteren Stiftskirche Gernrode für die Klosterkirche auf dem Münzenberge läßt sich aus dem Dargelegten nicht bestätigen. Verwandt erscheinen lediglich die Seitenschiffemporen und die Stellung der Westtürme, während der Grundriß, vor allem das Dreizellensanctuarium, das Stützensystem, die Proportionen und der Westquerbau, nicht zuletzt auch die asketisch strenge, schmucklose Detailgestaltung ganz anderen Vorbildern und Vorstellungen folgen.

Im 2. Viertel des 13. Jahrhunderts erfuhr die kleine Kirche – offenbar durch Graf Hoyer II. von Falkenstein – eine Aufwertung, als ihr der Südturm und das südliche Hauptportal hinzugefügt wurden. Die geschichtliche „Rahmenhandlung" engt dies auf die Zeitspanne zwischen 1223 (als er seine Schwester Mechthild zur Äbtissin des Marienklosters einsetzte) bzw. 1225 (als die unterlegene Reichsäbtissin Sophie von Brehna ihn uneingeschränkt als Schirmvogt anerkennen mußte) und 1237 (als er die Schirmvogtei über das Reichsstift Quedlinburg an den Grafen Siegfried von Blankenburg verkaufte) bzw. 1240 (als seine Gemahlin Helmburgis die Präbende für den Marienaltar stiftete und dabei bereits vollbrachte Bauarbeiten erwähnt werden) ein. Am wahrscheinlichsten sind die Jahre 1231/1232, als Hoyers Verwandte (Nichte?) Osterlindis Reichsäbtissin war.

Gemessen an der lakonischen Kargheit der ottonischen Basilica, die sich selbst auf die elementaren Gegebenheiten alles Bauens einschränkt, wirkt die Prachtentfaltung der spätromanischen „Zutaten" sehr absichtsvoll und deswegen bombastisch. Bedenkenswert ist auch ihre Ausrichtung nach Süden: abgewandt von Stift und Stadt sind sie in der Blick- und Wegachse auf die Lauenburg am Harzrande, den „Amtssitz" der Quedlinburger Schirmvögte[44], bezogen.

Vor das südliche Pastophorion (Diakonikon) ließ Hoyer über quadratischem Grundriß einen starken Glockenturm hinstellen. Die 1,3 m

Stumpf des spätromanischen Glockenturms vor der Südstirn des Sanctuariums

Das Marienkloster - die Klosterkirche St. Marien

Marienkirche, Langhaus, Inneres nach Osten, Rekonstruktionsvorschlag

Das Marienkloster - die Klosterkirche St. Marien

Marienkirche, Langhaus, Inneres nach Westen, Rekonstruktionsvorschlag

Das Marienkloster - die Klosterkirche St. Marien

Marienkirche, Stumpf des spätromanischen Glockenturms, um 1975

dicken Quadermauern des in Erdgeschoßhöhe noch vorhandenen Stumpfes, innen überspannt von einem frühgotischen, im stumpfen Spitzbogen geführten Kreuzgratgewölbe – vergleichbar jenem der Kapelle auf Burg Falkenstein – lassen auf eine beträchtliche, wahrzeichenhafte Höhe schließen. Mit seinen Ecklisenen, die von einem unter Aufschüttungen verborgenen Sockel emporsteigen, mit einem Fensterchen nach Süden und einer Lichtluke nach Westen ist er der Sockel eines wahrscheinlich reich gegliederten Turmkörpers gewesen, zugänglich vom südlichen Annex der Ostkrypta her. Der östliche Einstieg in das durch einen Zwischenboden geteilte Erdgeschoß wie auch die Gewölbemalereien entstammen den nachmittelalterlichen Jahrhunderten. Über seine Vollendung liegt keine Nachricht vor; wenn er je fertiggestellt worden ist, so war er schon in der zweiten Hälfte des 16. Jahrhunderts bis auf den heutigen Rest gekappt.

Von triumphaler Prachtentfaltung und Gebärde ist das Hauptportal, das in das Westjoch des Südseitenschiffes (in die Rückwand von

Das Marienkloster - die Klosterkirche St. Marien

Das spätromanische Südportal an der Südseite von St. Wiperti

Das Marienkloster - die Klosterkirche St. Marien

Kelchblockkapitelle des westlichen Gewändes

Münzenberg 15 am Hofe von Münzenberg 12) eingepaßt und vom Südwestturme überhöht war. Bis 1884 war es am ursprünglichen Ort versteckt, als es der damalige Oberbürgermeister G. Brecht (von dessen Leistungen die Stadt noch heute zehrt) erkaufte, herausnehmen und nach einer kurzen Aufstellung im ehemaligen Runden Hof des Rathauses 1885 vom Quedlinburger Bildhauer Niemand restaurieren ließ. Da sich ein Aufstellen andernorts – am Westriegel der Markt-, im Inneren des Nikolaikirche, an der Franziskaner- oder Heilig-Geist-Kapelle – zerschlug, verblieb es jahrelang in dessen Atelier in der Süderstadt, wurde dann in die Turmhalle der Nikolaikirche verbracht, 1901 schließlich im Hof des neuerbauten Städtischen Museums, der heutigen Feininger-Galerie, 1926 im Jägergarten am Residenztrakt des Schlosses aufgestellt. Nach dieser jahrzehntelangen Odyssee – ein stadttypisches Beispiel für das Umgehen mit Kunst und der eigenen Vergangenheit – hat man es der 1955-1957 wiederhergestellten Wipertikirche übergeben, in deren Südseite es 1957 eingesetzt worden ist.

In seiner harmonischen Ausgewogenheit und in der fülligen Gestaltung der Profile und Details – der attischen Säulenbasen mit ihren Ecksporen, der Kämpferprofile und der aus Doppelwulst mit eingelegter Kehle modellierten Archivolten mit ihren Blattwiderkehren – ist dieses Säulenportal eines der schönsten Zeugnisse der ausklingenden Romanik – ihr „Schwanengesang" in einer Zeit, da nahebei der 1207 abgebrannte Magdeburger Dom

Bogenfeld im Südportal

Das Marienkloster - die Klosterkirche St. Marien

Marienkirche, Ansicht von Südwesten, Rekonstruktionsvorschlag

Ottos I. ab 1209 als früheste gotische Kathedrale Deutschlands neuerrichtet wurde. An den zum Teil stark unterschnittenen Kelchblockkapitellen – jener spätromanisch-frühgotischen Übergangsform der Kapitellgestaltung – beginnt das nach romanischer Art noch stilisierte und in sich verschlungene Blatt- und Rankenwerk wie auch die Blattwiderkehren in der Archivoltenkehle – gleichsam aus einem „Lebensantrieb" – zu schwingen, sich zu winden. Diesen Charakter teilt es mit der Krypta der damals gleichfalls neuerbauten Klosterkirche Konradsburg bei Ermsleben[45], der Hausstiftung der Grafen von Falkenstein. Stilvergleiche legen das Ausführen des Portals durch rheinische Bauleute und Steinmetzen nahe.[46]

Im seltsamen Kontrast zur üppigen Gestaltung des Portals verharrt das Bogenfeld. In archaischer Stilisierung und hieratischer Strenge zeigt das Widmungsrelief die Gottesmutter auf dem Lilienthrone, aufgebaut in unnahbarer Frontalität, eingehüllt in ein graphisch durchgezeichnetes Gewand, den Jesusknaben (dessen Köpfchen in seiner diesseitigen Lebendigkeit alleinig dem Stile der Entstehungszeit entspricht) auf ihrem linken Knie. Sie ist umgeben von zwei anbetenden Frauen im geistlichen Habitus: einer knieenden zu ihrer Linken, einer sich niederwerfenden zu ihrer Rechten.

Aus der Entstehungszeit dieses Portals und den geschichtlichen Umständen lassen sich die beiden Stifterinnen als die erwähnten Falkensteiner Gräfinnen ansprechen: die knieende als Osterlindis, Reichsäbtissin 1231-1232, die liegende als Mechthild, Äbtissin des Marienklosters 1223 bis mindestens 1253. Freilich bleibt diese Bestimmung, welche das Portal innnerhalb des kunstgeschichtlichen Rahmens in die Jahre 1231/32 datieren würde, mangels „Belegen" ein Versuch.

Des altertümlichen Stils wegen hat man das Tympanon für älter als das Portal und damit für eine wiederverwendete Bauspolie gehalten. Im mitteldeutschen Kunstkreise gibt es jedoch zwei etwa gleichzeitige, nach Bildgegenstand, -komposition und Stil vergleichbare Bogenfelder in Bauzusammenhängen des frühen 13. Jahrhunderts: an der Marienkirche zu Freyburg/Unstrut und an der Klosterkirche zu Reinsdorf unterhalb Nebra/Unstrut[47]. Alle drei sind Zeugnisse jenes erneuten Schubs byzantinischen Einflusses, der infolge des vierten Kreuzzuges und der Eroberung Konstantinopels durch die Kreuzfahrer 1204 hierher vermittelt worden ist. Byzantinisch ist auch der Typ der Gottesmutter als Himmelskönigin (basilissa despoina, regina domina), welche zugleich die über Heidentum, Ketzerei und Islam triumphierende Kirche vorstellt. Byzantinisch ist auch die anbetende Unterwerfungsgebärde (proskynesis) der rechten Person – die uralte orientalische Demutsattitüde der Untergebenen und Besiegten.

Angesichts der zeitgenössischen deutschen Bildhauerei im engeren Umkreise – der Triumphkreuze in Halberstadt und Quenstedt, der Chorschranken von Hildesheim, Halberstadt und Hamersleben wird die Besonderheit, der jenseitsgewandte Rückgriff auf „altehrwürdige", durch Herkommen und Vorbild geheiligte Darstellungsweisen augenscheinlich. Diese absichtsvolle Feierlichkeit entwuchs vielleicht einem Ansprüche politischer Selbstdarstellung: ein „Siegesmonument" der Falkensteiner an „ihrer" Klosterkirche gegenüber dem durch sie entmachteten Reichsstifte zu sein.

Zur Ausstattung

Die nicht eben karge Ausstattung des Marienklosters ist nur noch in Umrissen erfaßbar. Überliefert sind zehn Altäre[48]. Der Hauptaltar St. Marien („Unser lieben Frauen ... zwischen der Treppe") erscheint erst 1240 anläßlich der Meßstiftung der Gräfin Helmburgis von Falkenstein. Die Altäre des Apostels Andreas und der heiligen Anna, der Mutter Mariens, sind nur bei F. E. Kettner aufgeführt. Der letztgenannte dürfte erst beim Aufkommen der Annen-Verehrung im 13. Jahrhundert oder später begründet worden sein. 1303 wird der Johannis-Altar, 1307 werden der Altar des heiligen Ritters Georg und derjenige der heiligen Jungfrau Katharina von Alexandria und der Büßerin Maria Magdalena urkundlich bezeugt; ein Altar der „glückseligen" Maria Magdalena für sich allein taucht 1354 zusammen mit einem weiteren der Märtyrer Stephanus und Mauritius und seiner Leidensgenossen aus der Thebaischen Legion noch einmal auf. Der Altar des volkstümlichen Wunderbischofs Nikolaus von Myra ist für 1318 erstmalig erwähnt. Als letzter tritt derjenige des Märtyrerdiakons Laurentius 1495 und 1518 hervor. Über die bildnerische Ausstattung all dieser Altäre ist nichts bekannt.

Wie allgemein üblich haben sich im Bereiche des Klosters und der Kirche zahlreiche Begräbnisse befunden. Immer wieder wird – zu-

Das Marienkloster - zur Ausstattung

Friedrich von Hoym

Anthropomorphes Felsgrab

meist im Zusammenhang mit Bauarbeiten – von zufällig aufgedeckten Bestattungen berichtet, die alle beseitigt und niemals dokumentiert worden sind.

Schon 1770 hatte der Oberhofprediger Hallensleben aus einer Mauer auf dem Münzenberge eine Grabplatte bergen und in die Stiftskirche bringen lassen, die er in einer arg verqueren Deduktion für die Grabplatte des Quedlinburger „Nationalheros" König Heinrich I. erklärt hat. Beim Reinigen aber entpuppte sie sich als diejenige des 1391 verstorbenen Ritters Friedrich von Hoym. Seitdem unbeachtet dämmert die in Ritztechnik gezeichnete Gestalt des „ehrenvesten Gestrengen", unter dem Dreipaßbogen auf einem Hunde, dem Sinnbilde der (Lehens-) Treue und Wachsamkeit, stehend, im Halbdunkel des Nordarms der Krypta unter der Stiftskirche dahin.

1806 ist im Inneren der Klosterkirche ein anthropomorpher Steinsarkophag, versenkt in einer Felsengruft, gefunden worden. Die zerbrochene Deckplatte zeigte an, daß er vor langem schon beraubt worden war – und so waren denn im Inneren keinerlei Gebeine mehr vorhanden, wohl aber Reste von feinem Leinenstoff mit aufgestickten Blumen. Die unklare Beschreibung lokalisiert den Fund mit hoher Wahrscheinlichkeit an das Westende des Mittelschiffes vor die „Westkrypta". Nichts – weder vom Sarkophag noch von der Gruft

– blieb angeblich von alledem erhalten. Doch eben an derselben Stelle – im Höfchen von Haus Nr. 4 – wurde bei den noch immer andauernden Bauarbeiten 1991 eine Grabstelle entdeckt: über dem körpereng mit abgesetztem Kopfteil in den Sandsteingrund eingetieften Grab, das sich aufgrund dieser Eigentümlichkeit in das hohe Mittelalter (innerhalb der „Laufzeit" des Klosters von der Weihe 995 bis in das frühe 13. Jahrhundert) datieren läßt, lag eine augenscheinlich spätere Grabplatte mit der sehr verschliffenen Ritzgestalt eines Geistlichen und den Resten der kaum mehr leserlichen Umschrift in spätgotischen Texturminuskeln, welche den Stein frühestens in das ausgehende 14., eher wohl in das 15. Jahrhundert rücken. Die Gebeine hatte der Bauherr bereits ausgeräumt und beiseite gebracht, das heißt im Bereich der Baustelle abgelegt[49].

Grabplatte über dem Felsgrab

Daß in solch herausgehobener Lage eine für das Kloster verdienstvolle und wichtige Person bestattet lag, ist unzweifelhaft; ob sie mit der Grabplatte eine nachträgliche Ehrung erfahren hat oder ob das Grab für einen Verstorbenen im späten 14. oder im 15. Jahrhundert wiederbenutzt worden ist, sei dahingestellt.

Auch einen ansehnlichen Schatz hatte das kleine Kloster sammeln können. Vermutlich zur Einweihung 995 schenkte Otto III. ihm eine goldene, edelsteingeschmückte Krone; zur Neuweihe 1017 gab Heinrich II. ihm ein Talent (etwa 25 kg) Goldes[50]. Ein um 1525 erstelltes Schatzverzeichnis führt unter 21 Nummern 39 Stücke auf, darunter das vergoldete Bildwerk einer thronenden Maria (vom Hauptaltare?) „mit etlichen Steinen um den Stuhl"; ein mit Goldblech beschlagenes und mit Edelsteinen besetztes Kreuz, in seiner Mitte „ein geschnitzter Kristall" als Reliquienkapsel; die goldene „Kaiser-

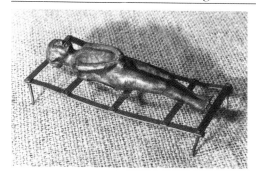
Silberstatuette des heiligen Laurentius

krone mit etlichen Steinen"; ein gleichfalls goldbeschlagenes, edelsteinbesetztes Reliquienkästchen; zwei vergoldete Monstranzen; eine silberne, z.T. vergoldete Reliquienbüchse mit Edelsteinen; fünf silbervergoldete Kreuze, davon eines mit dem Corpus des Gekreuzigten, ein zweites als Altarkreuz, das dritte als Brustkreuz, zwei weitere zum Aufstecken auf die Stangen von Prozessionsfahnen gearbeitet; die Silberstatuette des heiligen Laurentius auf dem Roste; drei Kristalle und ein Glas in Silber- und Goldmontierungen mit Füßen als Reliquienbehälter ("Heiltümer"); ein mit Silberblech beschlagenes Reliquientäfelchen; aus Silber fernerhin ein Pacificale, ein Rauchfaß, zwei Meßkännchen und 15 Meßkelche, davon acht vergoldete. Eine Hostienbüchse war 1363 gestohlen worden, denn Bischof Ludwig von Halberstadt gestattete in jenem Jahre die Errichtung einer Kapelle an der Stelle, wo sie wieder aufgefunden worden war *(Schmidt: Bd. IV, Nr. 2659a)*.

Bei der Aufhebung des Klosters 1540 verleibte die damalige Reichsäbtissin Anna II. von Stolberg diese Kleinodien dem „Zither", dem Schatzgewölbe der Stiftskirche, ein. Um dessen Kostbarkeiten dem Zugriffe des auf dem Schlosse einquartierten sächsischen Stiftshauptmannes zu entziehen, ließ sie den gesamten Schatz bei ihrem Bruder, dem Grafen Wolfgang von Stolberg, im Schlosse Wernigerode auslagern. Dieser wiederum verbrachte ihn nach Dillenburg/Hessen zur Gräfin Juliane von Nassau-Oranien, beider Schwester und Mutter Wilhelms von Oranien. Als im Schmalkaldischen Kriege Kurfürst Johann Friedrich von Sachsen 1547 seine Hand darauf legen wollte, war er längst in Sicherheit. Bei seiner Rückführung nach Quedlinburg 1551 fehlte – neben anderen Pretiosen – die Kaiserkrone und blieb bis heute verschollen[51].

Der größte Teil des Münzenberger Schatzes gehörte wahrscheinlich zu jenen 47 Posten, welche die Reichsäbtissin Anna Sophie II.

Das Marienkloster - zur Ausstattung

Kelch aus der Gersdorfer Kirche, jetzt im Schloßmuseum Quedlinburg

1683, um die desolaten Finanzverhältnisse des Stifts zu bessern, veräußert hat. Damals verschwanden auch die Goldbarren aus der Stiftung Heinrichs II. („talentum auri ad altare" von 1017).

Heute ist vom Münzenberge in der Schatzkammer der Stiftskirche nur noch das Silberfigürchen des heiligen Laurentius auf dem Roste aus der Zeit um 1200 nachweisbar. In seinem hohlen Rücken soll eine Prise von seiner Asche aufbewahrt gewesen sein. Im Schloßmuseum wird ein kupfervergoldeter frühgotischer Kelch aus dem 2.

71

Viertel des 13. Jahrhunderts aufbewahrt, der aus der 1270 aufgelassenen Kirche von Gersdorf in das Marienkloster gelangt war. In ungewöhnlich überlängten Proportionen lädt über dem runden Fuße und dem schmalen Schafte mit einem kleinen, von Mascarons umringten Knaufe eine schalenartig flache Cuppa aus; in ihrer Mitte strebt ein sechseckiges Türmchen mit den Merkmalen des spätromanisch-frühgotischen Übergangsstiles an Fensterbiforien, Schildgiebelchen und Wasserspeiern und einer Dachlaterne hinan – verwandt den zeitgenössischen Statuenbaldachinen: die modellhafte „Abkürzung" des Heiligen Grabes als sinnfälliges Zeichen des Gebrauchszweckes und der heilspendenden Qualität des eucharistischen Weines. In seiner künstlerischen Besonderheit und liturgischen Aussagekraft ist dieser Kelch ein seltenes, in Mitteldeutschland einzigartiges Zeugnis kirchlicher Metallkunst des hohen Mittelalters.

Das Münzenberger Vorwerk

Am Nordfuße des Münzenberges überlebte – wie so oft – der Wirtschaftshof des Klosters dessen Untergang. Um 1240 war der Platz („Woorth") dem Kloster zum Anlegen eines eigenen Gutshofes übereignet worden. Wo er sich zuvor befunden hat, bleibt ungewiß, ebenso, ob dieser Hof schon damals, das heißt während der Klosterzeit, Größe, Umriß und Gebäudeausteilung des heutigen gehabt hat.

Als das „Münzenberger Vorwerk" wurde er 1540 den Gütern des Stiftes zugeschlagen, später jedoch verpachtet. Von 1630-1822, unterbrochen nur 1724-1730, war die Verpachtung des Vorwerks mit der Bewirtschaftung des Münchenfeldes – jener Flur zwischen dem Heidberg und der alten Halberstädter Straße, der heutigen Bundesstraße 79, die aus den Liegenschaften des Zisterzienserklosters Michaelstein an das Stift zurückgefallen war – gekoppelt. Dafür wurde bei einem bestehenden Straßengasthof als Meierei des Münzenberger Vorwerks 1660 der neue Münchenhof errichtet, der den alten

Münzenberger Vorwerk, Herrenhaus, Hofseite mit Blick zur Schwarzen Küche

Das Münzenberger Vorwerk

Münchenhof am Südfuße des Heidberges, eine Grangie des Klosters Michaelstein, ersetzte.

In derselben Zeit erstand auch das Münzenberger Vorwerk als ein großzügiger Doppelhof von trapezförmigem Umriß, dessen westliches Drittel als Schäferei abgetrennt war, von neuem. In jeden der Höfe führt von der vorbeiziehenden Straße Zwergenkuhle beiderseits der großen Scheune eine Zufahrt hinein. An der Südseite unterm Hang des Münzenberges steht das zweigeschossige Pächterwohnhaus. Sein Erdgeschoß mit der Oberlichttür besteht aus Quadersandstein, sein Obergeschoß aus Fachwerk mit den Elementen des ortstypischen Fachwerkbaus der 2. Hälfte des 17. Jahrhunderts in ihrer schlichtesten Ausprägung. Seine Fassade wird durch das asymmetrisch leicht heraustretende dreigeschossige Fachwerk-Zwerchhaus, dessen Erdgeschoß in neuester Zeit mit einem Berliner Fenster massiv unterfahren wurde, reizvoll belebt und durch einen zweigeschossigen Fachwerkanbau des frühen 19. Jahrhunderts daneben zugleich entstellt.

Auch im 18. Jahrhundert ließ die Stiftsregierung – was für diese Zeit durch Bauakten[52] belegt ist – an den Wirtschaftsgebäuden bessern und bauen: 1764 errichtete der Quedlinburger Landbaumeister Sprengell eine Scheune und einen Schafstall, 1769 fügte der Landbaumeister Johann Heinrich Breith einen Kuhstall, 1774 das Schäferhaus, 1783 ein Brau- und 1787 ein Waschhaus hinzu. Mit der Aufhebung des Stiftes im Frieden von Lunéville 1802 ging auch das Münzenberger Vorwerk als königliche Domäne an den preußischen Fiscus, 1807 an das napoleonische Königreich Westfalen über. Sein gekrönter Playboy, Napoleons jüngster Bruder Jérôme Bonaparte, veräußerte 1811 einen Teil der Liegenschaften. Das Vorwerk selbst mit dem Rest der Fluranteile verkaufte die preußische Regierung 1822 in Privathand. Erst danach, im späten 19. Jahrhundert, sind die vorhandenen Wirtschaftsgebäude neuerrichtet worden.

Das Städtchen Münzenberg

Auf der ab 1540 wüst liegenden Bergkuppe bauten sich auf Geheiß der Reichsäbtissin Elisabeth II. von Regenstein ab etwa 1576 arme und besitzlose Einwohner Quedlinburgs – Hintersiedler und Einlieger – und nicht seßhafte Leute aus dem Umland an. So entstand ein topographisch, städtebaulich, sozial und administrativ in sich abgeschlossenes Gemeinwesen von – in jeder Hinsicht – eigener Art. Als eine der sechs Sondergemeinden des Stadtbereiches Quedlinburg stand der Münzenberg von Anfang an mit eigener Verwaltung und Gesetzlichkeit, angeführt von einem Schultheißen, unter der Oberhoheit und Gerichtsbarkeit der reichsstiftischen Regierung. Eingepfarrt waren die Einwohner nach St. Wiperti, das bei der Aufhebung des Wipertistiftes gleichfalls 1540 zur Pfarrkirche der Stiftsgemeinde geworden war. Erst 1810 ist der Münzenberg samt den fünf anderen Sondergemeinden auf Befehl der Westfälischen Regierung des Jérôme Bonaparte gegen den Wi-

Münzenberg mit Blick zum Schlosse über dem Viehtore des Westendorfes

Das Städtchen Münzenberg

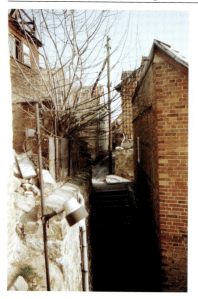
Die Wasserpforte

derstand aller Beteiligten mit den „beiden Städten Quedlinburg" zum jetzigen Stadtkörper zwangsvereinigt worden.

Für die 65 äußerst bescheidenen, meist nur zweigeschossigen Häuser in Fachwerk- oder Mischbauweise aus massiven Erd- und Fachwerk-Obergeschossen benutzten und vernutzten die ebenso bescheidenen Erbauer die älteren Gebäude; mit siebzehn von ihnen umpackten und überpackten sie die Klosterkirche. Entlang der Bergkante bilden sie – stellenweise über die mittelalterliche Ringmauer hinaus- und hinabgeschoben – einen unregelmäßigen Bering, den das Zufahrtstor im Südwesten, die Stadt- oder Schulpforte im Nordosten und die Wasserpforte im Süden mit ihren z.Zt. wegen Baufälligkeit gesperrten steilen Stiegen unterbrechen. Er umschließt in der Mitte einen ebenso unregelmäßigen Platz, den einige Häuserblocks – so z.B. die Grundstücke Münzenberg 5-11 nordwestlich der Kirche, Nr. 53-56 und 63 im nördlichen Abschnitt – anscheinend nachträglich verkleinert haben. Freistehend in seinem Westteil bilden die Häuser Nr. 64 und 65 – errichtet über je einem geräumigen, mit gewölbter Decke ganz aus dem Felsengrund gehauenen (älteren?) Rechteckkeller – eine „malerische" Gruppe, die das Platzbild prägend mitbestimmt.

Münzenberger Rathaus von Südwesten

Das letztgenannte Gebäude war das Münzenberger Rathaus, auffallend durch das an der Westseite unverputzte Quadermauerwerk des Unterbaues mit zwei von manieristischem Beschlagwerk verzierten, irgendwoher verschleppten Werkstücken. Vor die Ostseite der Baugruppe legt sich das Spritzenhaus, ein Rohziegelbau des 19. Jahrhunderts – angesichts der vielen Brände zweifellos das wichtigste Gebäude auf dem Berge, wenn man nicht das Haus Nr. 60 am Nordostrande dafür

Münzenberger Rathaus von Südosten

halten will: die Münzenberger Schenke. Ihr Fachwerk-Obergeschoß weist das Erbauungsjahr 1796 und den Namen des ausführenden Zimmermanns F. C. Günther aus. Daß diese so sehr schlichten Hausungen außer den zum Teil wohl älteren Kellern und den zum Teil verschütteten Zugängen zu Felsgelassen unbekannter Art und Ausdehnung Überraschungen enthalten, mag Nr. 34 darstellen. Im Eingangsflur ist in die Wand neben der Tür eine Reliefplatte vermauert, welche die Gestalt eines frontal stehenden Abtes mit dem Krummstab zeigt, von unkundig liebevoller Hand grell übertüncht wie eine Jahrmarktspuppe, ausgenommen der dreieckige Untersatz aus feinem Beschlagwerkornament.

Die völlig verschmierte (lateinische?) Inschrift ist unleserlich geworden, doch auf der Standfläche der Figur ist die Jahreszahl AO 66 – anscheinend aus AO 60 verändert – wahrzunehmen. Dem Stil des Reliefs zufolge kann nur 1660 oder 1666 gemeint sein. Vielleicht stellt das Relief den heiligen Wigbert, Abt von Fritzlar und „Hausheiligen" von Hersfeld, dar, das beim Auflassen und Profanieren der Wipertikirche 1812 als „Souvenir" auf den Münzenberg gewandert sein mag.

Münzenberger Schenke

Abtsgestalt im Haus Nr. 34

Zu Beginn des 18. Jahrhunderts – 1715 – lebten einer Visitation des Reichsstiftes zufolge etwa 250 „Seelen" auf dem Berge: in größter geistlicher Verwahrlosung"[53], die „vom Christentum so gut wie nichts wissen, sondern überhaupt von Gott nie etwas gehört haben. ... Dazu leben alle in der größten Dürftigkeit. Die Kinder werden angehalten, durch Betteln in der Stadt und auf dem Lande das zum Lebenunterhalt nötige Brot zu erlangen ... und wachsen dadurch in allerlei bösen Unarten auf." Sie selbst nannten sich mit pejorativem Untertone „Keksburger"[54]. Ihr Bedürfnis nach „bedeckter" Verständigung über „bedeckte" Tätigkeiten erzeugte in Anlehnung an das Rotwelsch einen eigenen Dialekt mit originellem Vokabelschatz, der bisher weder sprach-, sozial- noch kulturgeschichtlich untersucht und ausgewertet worden ist.

Um diese Zustände zu mildern, richtete der damalige Oberhofprediger Elias Andreas Goeze 1716 die Münzenberger Schule (Haus Nr. 2) ein, die er ein Jahr später eröffnete. Die Kinder erhielten alle Unterrichtsmaterialien, großenteils auch die höchstnötige saubere Bekleidung. Als aber Goeze von den Eltern einen geringfügigen Beitrag zum Versorgen ihrer Kinder während des Schulunterrichts einforderte, erregte er gegen solcherlei Zumutung für eine solch überflüssige Einrichtung, als welche die Schule angesehen ward, einen Aufruhr.

Westteil der Siedlung

– Über der Ostkrypta erhebt sich der charakteristisch T-förmige zweigeschossige Überbau, ehedem aus schlichtem Fachwerk mit Barnausfachungen, der die Erscheinung des

Bergstädtchens, besonders vom Schlosse und vom Westendorfe her, bestimmt. Als die Sanierung des Fachwerkaufsatzes 1988 anstand, konnte oder wollte keine der damaligen Behörden, auch die des Denkmalschutzes nicht, dem Bauherrn Holz bereitstellen, weshalb er den Aufsatz in Gasbetonquadern (!) ersetzt hat. So

Platz südlich des Rathauses

ist die „Krone" des Münzenbergs zum Schandmal geworden. Die geplante Verblendung mit Holzlatten entsprechend dem ursprünglichen Fachwerk, die dann zwar einen nicht mehr vorhandenen Befund vortäuscht, das Stadtbild jedoch nicht länger mehr beschädigt, ist noch immer nicht verwirklicht worden.

Für den Münzenberg hat sich Elias Andreas Goeze eingesetzt als ein wahrer Menschenfreund „sans phrase". In dem vormaligen Gasthause zur grünen Linde gründete er 1721 auf der Grundlage beträchtlicher, teils namenloser, von ihm geworbener Spenden aus Quedlinburg und dem Umlande ein Witwen- und Waisenhaus. Ständige Unterstützung gewährten die Fürstäbtissin Marie Elisabeth von Schleswig-Gottorf, gelegentliche, doch nicht geringe Beihilfen die Pröpstin und die Dechantin des Reichsstiftes. Die Gelder flossen anfangs so großzügig, daß Goeze den Bau einer eigenen Kapelle auf dem Münzenberge plante, der dann doch nicht verwirklicht worden ist.

Um seine Einrichtung auf berechenbare Einnahmen zu stellen, mußte er den Insassen Arbeit zumuten: er führte das Verspinnen und Verweben von

Platz westlich des Rathauses

Das Städtchen Münzenberg

Münzenberg Haus Nr. 63

Gasse an der Südkante

Wolle ein, worauf die ehrbare Entrüstung der Quedlinburger ihm vorwarf, sein Werk „als Menschenfreund begonnen und als Geschäftsmann vollendet" zu haben. Die Quedlinburger Kaufmannsgilde, die sehr wohl einschätzen konnte, daß die Münzenberger Produkte Qualität besaßen, verweigerte ihm die Abnahme und den Vertrieb der Tuche und brachte ihn alsbald und sehr gezielt in schwierigste Verlegenheiten. Nach Goezes Tod ist dieses Witwen- und Waisenhaus in das Westendorf verlegt und denn auch bald aufgehoben worden.

Auch den Brunnen ließ Goeze 1721 ausräumen. Die ersten Bewohner des Münzenbergs hatten ihn schon bis gegen 1600 mit Unrat zugefüllt. Mit einer „Schucke" versehen, wurde er 1722 mit einem Feste eingeweiht[55]. Wenig später war er erneut verschüttet, weil „ihnen das beschwerliche Heraufholen" des Bodewassers aus dem Mühlgraben, „etwa 106 Stufen" über die steile Wassertreppe, weniger mühevoll erschien als „das Aufwinden des Wassereimers". Erst 1993-1995 erhielt der Berg eine modernere Wasserleitung und eine Kanalisation für die Abwässer, die bis dahin oberirdisch in Rinnsteinen über ihn hinweg und in tief erodierten Felsspalten an seinen Hängen hinunterspülten.

Die Querelen mit den Münzenbergern, denen er gegen ihre heillose Lebensart und -auffassung helfen wollte, und mit den Quedlinburgern, die sich

Blick vom Haus Nr. 38 ostwärts in Richtung Markt

seinem Tun gewohntermaßen borniert und halsstarrig entgegenstellten, hatten Goezes Lebenskraft zermürbt. Mit 53 Jahren starb er 1723.

Bis auf wenige Abbrüche – u.a. Nr. 51, den „Ohmenpott" an der Nordseite im Winkel zur Sackgasse bei der Schwarzen Küche, und Nr. 62 an der Nordostkante oberhalb der Stadttreppe, denen nun doch noch Nr. 1 überm Osthange vor der Apsis der Klosterkirche, Nr. 21 und 24 an der Südseite letztens nachgefolgt sind – konnte die städtebauliche Struktur des Münzenbergs bewahrt werden. Die drei letztgenannten Häuser werden beziehungsweise wurden wieder aufgebaut. Allerdings ist die ursprüngliche Bebauung längst nicht mehr vorhanden.

Bewegungen im weichen Sandsteinuntergrund verursachten besonders im 18. und im frühen 19. Jahrhundert den Einsturz mancher Häuser. Doch viel verheerender wirkten sich, begünstigt durch den Wassermangel und die Fahrlässigkeit der Einwohner, die vielen Brände aus, die von der älteren Substanz nur wenig übrigließen – so 1600, 1608, 1609, 1611, 1615, 1677 und 1699 – bis der Vorsatz aufkam, das Städtchen gänzlich aufzugeben.

Wahrhafftiger Bericht/

Von der

Quedlimburgischen

Neu-begeisterten und entzückten

Magd/

Magdalenen Elrichs/

Wie dieselbe im Novemb. und December des 1691 Jahrs zu schwärmen angefangen/ durch was Mittel und wessen Beförderung sie dazu kommen/ wie man sie frevelhaffter und gottloser Weise für sehr heilig und ein göttlich Wunder-Mensch gepriesen; Auch was es nachdem/ wegen ihres unkeuschen Lebens/ für ein erbärmliches Ende genommen/ indem bey dero Niederkunfft und Genesung eines unehlichen Kindes/ durch ihre und ihrer Mutter Unachtsamkeit/ 21 Häuser auff den Müntzenberg den 5 Nov. 1699. abgebrandt/ und dadurch die ohne dem armen Inwohner in noch grössere Armuht gesetzet worden:

Männiglich zur Warnung und Nachricht vorgestellet und zum Druck befodert.

Wie auch

Mit einem dazu gehörigen Kupffer versehen.

BREMEN/
Bey Johann Hornung/ 1703.

Titelbild „Wahrhafftiger Bericht …"

Das Städtchen Münzenberg

Der brennende Münzenberg

Doch die dort gewachsene Subkultur, Selbstverständnis und Zusammenhalt der Münzenberger, verschweißt durch die andauernde Armut und die ihr entsprossene Lebenskunst, immer wieder auf den eigenen Bereich zurückgeworfen durch die abweisende Distanz der Quedlinburger, haben sein Fortbestehen letztlich doch gesichert – bis heutigentags.

Der letzte große Brand von 1699 verflicht sich mit einer Skandalhistorie, welche die Quedlinburger Biederleute heftig aufgerührt hat: Durch den Halberstädter Kürschnersohn Andreas Achilles war seit 1689 von Leipzig der „Unfug der Pietisten" (*Wahrhafftiger Bericht...*, S. 3) herübergeschwappt. In Quedlinburg hatte er die Magd Magdalene Elrichs vom Münzenberge gepackt, die in sprachlosen Absencen „eine Entzückung über die andere bekahm. ... Diese entzückte Magd trieb es dergestalt eine geraume Zeit, wodurch Einfältige und Gelehrte, ja gantz Quedlinburg geäffet und geärgert wurde" (*ebd. S. 5*) und selbst ein „gewisser vornehmer und gelehrter Mann", der ihre Zustände untersuchte, sie nicht „so wol an Kranckheit und Catalepsis zu nennen, sondern vielmehr pro singuli et divina animae affectione zu halten" befand. (*Ebd. S. 9*).

Nach der Vertreibung Achilles' und seines Anhangs aus Halberstadt, wo er sogar ein Pfarramt erlangt hatte, schwanden der Münzenberger Magd die Entzückungen. „Die begeisterte Entzückungs-Schwester Magdalene nun, nachdem sie gesehen, daß ihres Bleibens in Quedlinburg nicht länger seyn können, indem sie wegen solcher Thorheit von männiglich verachtet, öffentlich außgehöhnet und als ein Scheusal gehalten worden, hat sich ausserhalb begeben und hin und wieder gedienet: biß sie letzt in einem Flecken [in Ermsleben, d. V.] zu Fall kommen und also im Wercke selbst gezeiget, wie gar sie den Lüsten des Fleisches abgestorben sey.

Darauff hat sie sich wieder nach Quedlinburg auf den so genandten Müntzenberg begeben und allda bey ihrer Mutter sich aufgehalten. Sie ist hiernechst bald mit einem unehlichen Kinde darnieder kommen. Und da sie wie auch ihre Mutter es gerne heimlich halten wollen, hat es sich wunderlich gefüget, daß bey dem ersten Bade dieses Kindes durch der Mutter und Tochter Unachtsamkeit ein Feuer außkommen, wodurch 21 Häuser in die Asche geleget, als den 5.

Das Städtchen Münzenberg

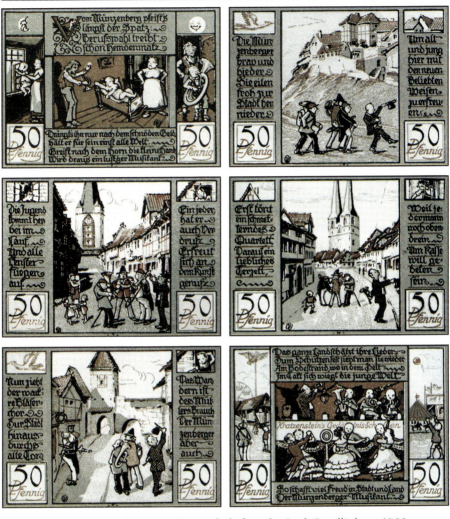

Jubiläumsgutscheine zur Tausendjahrfeier der Stadt Quedlinburg 1922

Nov. 1699 Abends 6 Uhr war der 22. Sonntag nach Trinitatis, und die ohne dem sehr armen Einwohner in noch grössere Armuth gesetzet worden." *(Ebd., S. 12).*

Unter den umrissenen Umständen hatte sich die topographisch wie sozial „abseitige" Bewohnerschaft zu einem Vagantenvölkchen von recht apartem und großzügigem Ehr- und Eigentumsbegriff entwickelt, von dem mit verharmlosendem Erinnern ein Schwall deftigster Anekdoten kündet, denn ihre Lebensumstände erzeugten eine eigene Lebensart, für die zwei „Begebenheiten" anschaulicher als Kommentare sprechen sollen.

Ein pfiffiger Münzenberger, der sich am Sonntagmorgen mehr zur geistigen denn zur geistlichen Erbauung hingezogen fühlte, inszenierte dennoch seinen Gang zur Kirche: er verließ sein Büdchen im schnieken Bratenrock mit dem Gesangbuch in der Hand. Als er – vom Geiste animiert – zum Mittagessen wiederkam, wurde er von seiner „Obrigkeit" vernommen: „Von wat hat denn de Paster jepredigt?" „Von de Sünde." „Na, und wat hat hei davon vertellt?" „Hei is dajejen!".

Zur „Sünde" hatten die Münzenberger – wie sich denken läßt – überhaupt ein freisinniges Verhältnis. Ein Münzenberger, den sein Nachbar zum Wochenend besuchte, ward angetroffen, wie er seine „bessere Hälfte" übers Knie gezogen hatte, wobei er sich beim Eintreten des Gastes keineswegs im Fortgang der Beschäftigung beirren ließ. „Wat is'n los? Wat hat's'n utefräten?" „Jarnischt! De Tid is um. Se mot mal wedder wecke hebben."

Zum „Bildungsgut" der Quedlinburger gehört noch heute die „Münzenberger Taufe", die sich dergestalt vollzog, daß der Vater das

Der Münzenberg

Neugeborene an der Stadtpforte in Richtung auf das satte, behaglich daliegende Quedlinburg hinaushielt und es beschwor: „Allet, wat de sühst, is din. Du darfst dek bloß nich fat'n lat'n".

Sinn- und milieuentsprechend wurde denn auch die „Münzenberger Berufswahl" zelebriert: dem Heranwachsenden legte man – wie es heißt – drei Gegenstände vor: eine Münze, einen Kessel und eine Trompete oder Fiedel. Je nachdem, wonach er griff, das werde sein Metier: Dieb, Kesselflicker oder Musikant. Es sei dahingestellt, inwieweit die ehrbaren und deshalb mißgünstigen Bürgersleut der notgeborenen, notgedrungenen Freizügigkeit der Münzenberger, ihnen mit gereizter und verschreckter Erregung gegenüberwohnend, dies und jenes, vielleicht alles nur angedichtet haben.

Jedenfalls haben die drei Münzenberger Stammberufe den zwielichtigen, zwiegeteilten Ruf des Bergvölkchens begründet. In leicht nostalgischer Erinnerung geblieben und inzwischen auch in die touristische Vermarktung eingerückt sind allein die Münzenberger Musikanten. Jahr um Jahr bis zum Ersten Weltkrieg zogen sie vom Berg herab durch die Ortschaften des Harzlandes, spielten auf zu Tanz

Münzenberger Musikanten

und Kirmes, Kindtaufe und Hochzeit, brachten Freude und Kurzweil in den einförmigen Lebensalltag und nahmen dafür Geld – und wer weiß, was noch – mit sich nach Hause.

Mit ihren Blasinstrumenten, die sie bevorzugt spielten, sind sie beliebte und gefragte Tanzmusiker gewesen. Und sie traten seriös gekleidet auf: im schwarzen Anzug oder wenigstens in gepflegter Kombination mit schwarzem Jackett und schwarzem Schlapphut – jedenfalls nicht in jener neckisch-pittoresken Aufmachung, wie sie die Figurengruppe aus dem verhinderten Brunnenprojekte des Quedlinburger Bildhauers Wolfgang Dreysse auf dem Markte dem staunenden Betrachter weismachen will.

So fockten viele Münzenberger als Pracher durch die Welt, ob nun die Labonie vom Himmel strahlte oder ob es fladerte. Sie tippelten in ihren ausgelatschten Trittlingen, zur Seite ihren Quiemen, mit immer wachen Scheilingen durch's Land, fielen bei so manchem Waldspießer ein, achelten – wenn der Zaster knapp war – nur Potthacken mit Sprunkert oder Lenglingen und schmärten Soroff, wenn sie aber dufte eingenommen hatten, auch ein Viertel Blenker dazu. Wenn dann der Anzug sore, Kemsel und Kritzspinne abgerissen waren und der letzte Penneboos sie 'nausgeschmissen hatte, drückten sie einen Kassiber nachhause, bevor sie sich dort wieder kneistern ließen. Die Ihrigen hatten vielleicht ein Grunske fettgemacht oder, wenn der Teckel nicht zu fürchten war, einen Krummen oder ein Tackert von der Altenburg „besorgt", Lechum, vielleicht auch Kletsch vom Lechumschieber eingekauft – und dann ging die Winde auf: der ausgefockte Letzer war wieder da. Nun achelten sie alle, was zu ergattern war, ischten sich rülpsend die Acheldewerfinnchen und hauten endlich todmüde in das eigene Puch.

Unter den Spielleuten tat sich zu Beginn unseres Jahrhunderts ein seltsames Original hervor, dessen Namen niemand mehr kannte: er hieß bei Jung und Alt „der Trollpapa".

Und so sah er auch aus: ein gnomenhaftes Männlein von wahrhaft urchristlicher Friedfertigkeit und Sanftmut, selten rasiert und immer mit sich selbst in Unterredung. Auf dem Kopfe trug es einen Reif, an dem eine Reihe aufeinander abgestimmter Schellen klimperte und klirrte; auf dem Rücken schleppte es wie einen Riesenbuckel eine

Riesenpauke, deren Schlegel es mittels einer Schnur mit dem Fuß traktierte. Mit den Händen spielte es eine Ziehharmonika, an der ein Triangel schaukelte. Den Gipfel des Genusses erreichten seine Vorstellungen erst, wenn sein krächzendes Stimmchen sich mit dem Konzert dieses Instrumentariums vermählte. So sang es seine Lieder, Späße, Moritaten von Haus zu Haus für einen Dreier – und wer den nicht hatte, bekam sie auch für einen Pfennig. Sein „Ruhm" bewirkte, daß die gute, alte „Gartenlaube" sein Bildnis überliefert hat.

Alljährlich um die Osterzeit erschien dieses Ein-Mann-Orchester gewöhnlich in den Dörfern. Eines Jahres aber blieb es aus. Irgendwo in der Feldflur sitzend fand man den Trollpapa, an einen Grenzstein angelehnt, erfroren. Niemand wollte ihn begraben; sein Leichnam saß genau auf dem Grenzrain zweier Dorfgemarken. Jene Gemeinde, auf deren Seite seine Pauke und sein Ränzel lagen, mußte ihn auf höheren Befehl bestatten. Sie hat es murrend getan.

Von der überkommenen Mentalität ist – sollen wir's bedauern? – bei den heutigen Bewohnern des Münzenbergs nichts mehr zu spüren. Mehr und mehr entwickelt sich der Berg – vor allem durch die

Blick von der Münzenberger Stadttreppe zum Schlosse

Tatkraft junger Leute, die manche der kleinen Häuser angekauft und wiederhergestellt, bei überschaubaren Bedingungen und Kosten für ihre Bedürfnisse um- und ausgebaut haben – zu einem properen Wohnviertel, dessen von alters her abseitige Lage zur Abseitigkeit vom Lärmen des Verkehrs und damit zum unschätzbaren Vorzug geworden ist.

Es bleibt bei alledem zu hoffen, daß diese soziologische Verwandlung das unbeschreibbare, unverwechselbare Flair des vielverschachtelten und anspruchslosen und so geheimnisvollen Winkelstädtchens bewahren und – vereint mit den Erfordernissen modernen Wohnens – in die allzu glatte, allzu kalte Perfektion dieser zerklüfteten, geld- und technikhörigen Gesellschaft hinüberretten möge.

Anmerkungen

Für freundliche Auskünfte und die Bereitstellung von Bildmaterial danke ich Frau Margit Reizammer, Herrn Rüdiger Mertsch, Herrn Manfred Mittelstaedt, Herrn Dr. Horst Nagel und Herrn Lothar Weschke.

1 So z.B. M. Wolf 1622 in Boysen: Allgemeines Historisches Magazin a.a.O.: „Vom gemeinen Mann wird dieser Berg Munzinberg oder Monßion-Berg genennet. Gegenüber liegt Gethsemane oder Closter-Hof, der Capellenberg und auch Teufels-Garten, wie auch der daran liegende Paradies-Garte(n) geheißen wird, ... samt dem dabey fließenden Bach Kidron" (womit der Bode-Mühlgraben gemeint ist).

2 Ziu, abgeleitet aus Tiwaz und sprachlich verwandt mit dem Zeus der Griechen, ist vielleicht der früheste Hauptgott der Germanen – Göttervater und Herr des Himmels – gewesen. In frühgeschichtlicher Zeit erscheint er hinter Wodan und Donar nur noch als einarmiger Kriegsgott, besonders verehrt von den Hermunduren, den Sueben und den niederrheinischen Stämmen. – Der Vermutung H. Goebkes fehlt außerdem ein wichtiges Indiz: die Regelhaftigkeit, mit der an vorchristlichen Kultstätten für die alten Gottheiten wesensverwandte Heilige eintreten, deren Funktionen, „Ressorts" und Eigenheiten übernehmen und sie damit verdrängen, indem sie sie ersetzen: für Wodan als Herrn der Toten der „Seelengeleiter" Michael, für Donar der „Wettermacher" Petrus, für Ziu zumeist der Ritter Georg, selbst ursprünglich ein vorchristlicher Reiterheros, gelegentlich auch der Kriegerheilige Mauritius, für die Muttergöttin Frigg die Gottesmutter Maria.

3 Diese Version hat einige Wahrscheinlichkeit für sich. Befestigte Höhensiedlungen und Volksburgen sind häufig zugleich Gerichts- und Kultstätten gewesen. Dazu ist, wie noch zu zeigen sein wird, für den Strohberg eine fränkische Besiedlung, wohl eine Militärbesatzung, nachgewiesen.

4 Die Abwanderung der Urnenfelderleute in den Mittelmeerraum, die nach Spanien als Iberer, nach Italien als Italiker, auf den Balkan als Thraker, nach Griechenland als Dorer, nach Anatolien als Phryger eindringen und als die „Nord-und Seevölker" ägyptischer Berichte über das Hethiterreich in Kleinasien, über Palästina (wo einer ihrer Stämme unter dem Namen „Philister" seßhaft wird) und Ägypten herfallen, löste ein Zeitalter ethnischer und kultureller Umstürze und langwährender kriegerischer Verunsicherung aus.

5 Zu den nächstgelegenen zählen die Anlagen an den Ausgängen des Bodetals auf dem Hexentanzplatz (Homburg) und der Roßtrappe (Winzenburg) bei Thale und des Selketals auf dem Bartenberge, den Hahnenköpfen und dem Goldberge bei Meisdorf, dazwischen die vormittelalterliche Stecklenburg. Massive Befestigungen aus Trockenmauerwerk weisen die Homburg und der Goldberg auf; auch unter dem Quedlinburger Schlosse und unter der Kyffhäuserburg sind Spuren solchen Mauerwerks erschlossen worden.

6 Die häufig geäußerte Vermutung, sie habe als Back- und/oder Brauhaus zum Marienkloster gehört, entbehrt jeder urkundlichen Grundlage. Eine Besichtigung 1997 ergab folgenden Befund: Der teerschwarz versottete Kaminschlot erhebt sich über einem quadratischen Unterbau aus vier gleichartigen Rundbögen aus Bruchsteinverband auf starken Pfeilern. An der Ostseite des östlichen Pfeilerpaares deuten rechteckige Vorlagen eine Umbauung an, die sich aufgrund der baulichen Relikte auch an der Nordseite erschließen läßt: unmittelbar nordöstlich des Kamins markiert eine Wand aus Sandsteinquadern die Flucht der nördlichen Ringmauer, an die sich die Küche angelehnt hat, die jedoch an ihrer Nordseite mittels jüngerem, sicherlich nachmittelalterlichem Mauerwerks in rechteckigem Umriß nach Norden ausweicht. Das südwärts vorangestellte Wohnhaus Münzenberg 50 dokumentiert mit seiner etwa 0,8 m hohen Aufschüttung des Fußbodens die spätere Umbauung.

Der westliche Bogen steht vor einer älteren Quadermauer mit einem zweifellos romanischen Fensterchen innerhalb schräger, nach Osten sich öffnender Laibungen samt schräger Sohlbank, die späterhin senkrecht abgeschlichtet worden ist. Den Fensterbogen hat derjenige des Kamins unterschnitten. Die Fortsetzung dieses Mauerstücks gen Norden und dessen Obergeschoß-Aufmauerung aus Bruchstein, zugehörig zu Nr. 49, sind späterer (nachmittelalterlicher?) Entstehungszeit. Unterhalb des romanischen Fensters ist nachträglich in die Quaderwand eine ungefähr segmentbogige Nische anscheinend für einen Ausguß eingemeißelt worden.

Anmerkungen

Die Küche ist der Oststirn eines romanischen Gebäudes vielleicht des 12. oder frühen 13. Jahrhunderts, von dessen Südseite sich augenscheinlich ein schmaler Mauerpfeiler zwischen den Häusern Münzenberg 48 und 49 erhalten hat, vorangestellt worden. In summa: sie ist an ein älteres romanisches Gebäude, dessen Zweckbestimmung (das 1244 begabte Klosterhospital?) noch zu klären ist, herangeschoben worden, als dieses bereits aufgegeben und wahrscheinlich ruinös gewesen ist, weil sich dessen Ausgußnische in das Innere des Gebäudes entleert hätte. Dementsprechend könnte die Küche frühestens im späten 13., eher wohl im 14. Jahrhundert, wenn nicht noch später entstanden sein.

7 Vgl. die Tore zur Kernburg der Pfalz Werla, zur Pfalz Grone und zur Vorburg der Pfalz Tilleda und einiger salischer Reichsburgen: der unteren Lauenburg und der Unter- wie Oberburg Kyffhausen.

8 Dieser Vorgang findet seine Parallele in den Burgenbauten Heinrichs IV. um Goslar: dort in gewissem Abstande zur Pfalzstadt die Harzburg als eine ausgedehnte Reichs- und Residenzburg, hier die Lauenburg am Harzrande; dort die anscheinend nie vollendete Burg auf dem Steinberge, je nachdem als Schutz-, Überwachungs- oder Gegenburg zur – gleichermaßen zwischen den Parteiungen hin- und hergerissenen – Pfalz, hier der Münzen- und wohl auch der Strohberg.

9 Zugehörig die 1326 zerstörte Guntekenburg, eine vom Bode-Mühlgraben gespeiste Wasserburg am Ende der Rittergasse zwischen Reichs- und Wipertistift, die 1337 zerstörten Anlagen auf der Altenburg im Bereich der Warte und auf dem Seweckenberge östlich der ebenfalls später erbauten Warte als Vorposten und Auslug der älteren, am Südfuße des Höhenzugs niedrig gelegenen Gersdorfer Burg.

10 Zum Beispiel den Sachsenstein bei Bad Sachsa, den Börneckerstein bei Berßel, den Berg am Leßmannsborn bei Dardesheim, den Ehrenberg bei Harzgerode und die Kröpellöcher bei Seehausen/Börde.

Winnigstedt hält sie für Zufluchtsstätten der Bevölkerung während der Ungarneinfälle: „….auch seynd viel Schlupfflöcher unter der Erde und in den Bergen, … welche man Zwerglöcher nennet, dergleichen in Quedlinburg unter dem Strohberge zu sehen, wohinein die Landleute sich damahls verkrochen haben." (Abel, S. 484).

In der Zwergensage deutet sich in mythischer Verkürzung eine von zwei Zeitschichten der vorchristlichen Vergangenheit des Münzenberges an. Die Zwerge (Haulemännchen, Kröpel, Holden) gehören als schaffende Erdgeister dem Kreise animistischer Naturwesen – in der deutschen Überlieferung als „Elben" bezeichnet – an: verwandlungsfähige, verwandlungsfreudige dämonische, d.h. ambivalente Wesen, die der Natur- und Selbsterfahrung früher Volksstämme entsprossen sind. Erst später werden sie im Gefolge sozialer und ethnischer Umschichtungen von den Göttergeschlechtern „höherer" Religionen überlagert und in den Bereich der „niederen" Naturgeister hinabgedrängt, wo sie in der Sphäre des Volksglaubens alle Wechsel der Religionen und der Kulte, jede „Götterdämmerung" zeitlos überlebt haben – z.T. bis heute. Zwerge sind die schaffenden Kräfte der Erde, die Kenner, Hüter und Nutzer der Erdkräfte und Erdschätze; deshalb sind sie die mythischen Bergleute und Kunsthandwerker, die Schmiede der mit magischen Kräften aufgeladenen Waffen und Geschmeide. – In dem häufigen Motiv des Zwergenauszugs sind außerdem geschichtliche Erinnerungen eingelagert: das Verdrängen und Vertreiben älterer, von kriegerischen Neuankömmlingen unterworfener, wohl auch versklavter Volksstämme, die nicht nur politisch und materiell, sondern auch ideell herabgedrückt und herabgewürdigt werden: in mythischen Zeitaltern zu Zwergen, Unholden, Dämonen. Immer erscheinen die Zwerge als ein Heidenvolk, dem Kirchenbau und Glockenklang ein Greuel sind, das auch nicht den germanischen Wodan über sich als Herrn annimmt, ihn aber fürchtet. Vielleicht sind darin die vorgermanischen Völker der früheisenzeitlichen Thüringer Kultur, die Erbauer der riesigen Burgwälle am Harzrande und auf der Hainleite, abgespiegelt, die von den Germanen unterjocht oder vertrieben wurden.

11 Da es anscheinend keinerlei Planunterlagen dieses Hypogaeums gibt, erscheinen eine Vermessung und eine geostatische Untersuchung, die beide das Entrümpeln des oberen Treppenlaufs voraussetzen, dringend geboten. Eine spätere Zugänglichkeit, vielleicht auch eine – wie auch immer geartete – Ausgestaltung der Anlage würde die Attraktionen Quedlinburgs um eine weitere ungewöhnliche bereichern.

Anmerkungen

12 Das Hypogäum unterm Strohberge ist zugänglich vom Hofe der ehemaligen Gaststätte „Bergschlößchen" - jetzt Hotel „Otto III." - auf einer Terrasse in halber Höhe des Nordhangs aus. Von einem geradlinig gen Süden in den Berg stoßenden Stollen, dessen vorderer Abschnitt als Lagerkeller ausgebaut ist, zweigt nach einer kurzen Strecke ostwärts ein Querstollen ab, der alsbald südwärts zu einem etwa parallel laufenden längeren Stollen umbiegt. Beide sind an ihren Enden mittels beidseitig einspringender Absätze der Felswände verengt. Zwischen beiden geht vom Querstollen ein kurzer Gang gegen Südwesten, der mit einer Tür auf den erstgenannten der beiden Parallelgänge zurückführt. Etwa in halber Tiefe sind sie durch einen schmalen S-förmig gekrümmten Tunnel verbunden. An gleicher Stelle strebt vom zweiten (östlichen) Parallelgang schräg nach Südosten ein vierter Stollen, der nach einer kurzen Strecke endet. – Im Gegensatze zum Hypogaeum unterm Münzenberge hält sich dieses – soweit zugänglich – auf gleichem Höhennivellement. Doch Meißelspuren und Bearbeitung, auch die segmentbogige „Einwölbung", gleichen ihm. Vgl. Abel: S. 481. Eine „Wohngelegenheit" dagegen mag die „Bärenhöhle" in halber Höhe am Osthange des Langen Bergs über der Russenschlucht, die sich mit nutzbaren Abmessungen in einer weiten Öffnung gen Norden hin erschließt, gewesen sein. An ihrer Rückseite jedoch hebt sich ein südwärts ziehender, vom Sande jetzt fast völlig zugefüllter Gang ab, der – nach mündlichem Hinweis – vor etwa 40 Jahren kriechend noch etwa 6-8 m weit zu erkunden war.

13 Zwei „Männchen" auf den Dächern der alten Steinbrücker Mühle und des gegenüberstehenden Hauses am westlichen Mühlgraben sollen die Höhe dieser wahrhaft mythischen Quedlinburger Sintflut, darin die Stadt versunken sein müßte wie einst Vineta, angezeigt haben. Solcherlei haben nicht einmal die verheerenden Hochwasser der Bode in den verflossenen Jahrhunderten vermocht. Daß die geologische Beschaffenheit des Untergrundes ein derartiges Ereignis unmöglich macht, bedarf keiner Erörterung. Vgl. Abel: S. 501.

14 Eine Kompromißvariante nennt ein Brautbett und ein weißes Roß als Gaben der „Prinzessin" auf dem Schlosse. Auch hier schimmert mythischer Untergrund hindurch: die „Prinzessin" figuriert hier eher als Märchengestalt denn als die Fürstäbtissin eines Damenstiftes, die wohl auch kaum ein Brautbett zur Hand gehabt haben dürfte.

15 Am aussagekräftigsten im mitteldeutschen Bereiche bei dem eisenzeitlichen Kult- und Opfersee bei Niederdorla südlich von Mühlhausen, den 1957-1964 Günther Behm-Blancke erforscht hat. Hier sind in mehrfach wechselnder Kultausübung und Umbauung Opferriten, z.T. in Verbindung mit pfahlartigen hölzernen Idolen und Statuen, von der Periode Hallstatt D (6. Jahrhundert v. Chr.) bis ins 11. Jahrhundert, zuletzt neben dem um 997 (dieser Kulte wegen?) gegründeten Chorherrenstifte und mainzischen Archidiakonatssitze Oberdorla, vollzogen worden.

16 Wie z.B. dem berühmten Mühlhäuser Brunnenfest, in dessen Verlaufe dem Popperöder Brunnen, einer Erdfallquelle im westlichen Vorfelde der Reichsstadt, welche die Wasserversorgung der mittelalterlichen Unterstadt abgesichert hat, im festlichen Rahmen von Aufzügen und Gesängen Blumensträuße und -kränze gespendet werden.

17 Verwiesen sei auf die 1951-1957 ebenfalls durch Günther Behm-Blancke untersuchten Kulthöhlen des Kosakenberges am Südwestrande des Kyffhäusergebirges, wo aus der späten Bronze- und der frühen Eisenzeit (Hügelgräberbronze-, Urnenfelder- und frühe Hallstattzeit) in 20 Gipsklüften neben Keramik, Schmuck, Getreide- und Tieropfern die in kultischem Kannibalismus zerstückelten Gebeine von mehr als hundert Menschenopfern – zumeist Jugendlichen, Kindern und Kleinkindern – gefunden worden sind. Anscheinend wurden sie hier als einer Kult- und Opferstätte von überregionaler Bedeutung einer oder zwei chthonischen Gottheiten dargebracht. – Ähnliche Befunde liegen u.a. von der Lichtensteinhöhle bei Osterode am Südwestharz vor.

18 Im germanischen Mythos verkörpern die Rosse Skinfaxi und Hrimfaxi den Tag und die Nacht. Das wegen des Werts der Tiere nicht eben häufige Pferdeopfer sollte Übeltat der Menschen sühnen und den Zorn der Götter abwenden. Dementsprechend galten angenagelte Pferdehäupter – später nur noch in Nachbildungen – als magischer Abwehrschutz gegen alles Böse (z.B. Blitzschlag, Seuchen), sollten von den gekreuzten Pferdeköpfen sächsischer Bauernhäuser das nach Osten oder Süden – zum Lichte – ausgerichtete (Skinfaxi) Segen und Glück herbeiziehen, das nach Norden oder Westen – zur Nacht – gewandte (Hrimfaxi) Ungemach und Not hinwegbannen.

19 Als eine alte Natur- und Vegetationsgottheit ist die Frigg erst in den letzten Jahrhunderten germanischer Glaubensvorstellungen zur Gemahlin Wodans, des Götterkönigs, geworden, mit dem zu-

Anmerkungen

sammen sie während der zwölf Rauhnächte in der Wilden Jagd übers Land braust. Im Volksbrauch und -glauben erscheint sie in vielerlei Gestalt: in Süddeutschland als die Bertha/Perchta (die Glänzende), in Norddeutschland als Holde/Hulda (die Frau Holle des Märchens), als Gode/Guda (Frau Gode) – die Gebende (vgl. die Ortsnamen Godesberg oder Gutenswegen) – und als Harke/Herke (Frau Herke), in Niedersachsen auch als „Frau Hera" (!) oder als „Frau Freke" (vgl. die Ortsnamen Freckenhorst und Freckleben). Im Sagenschatze geht sie um als die Weiße Frau, die Todesbotin, nachträglich auf historische Persönlichkeiten projiziert, oder als die Schlüsseljungfer, die Hüterin der Quellen und der Brunnen, der Wasser und der Schätze aus dem Erdenschoße.

Die Frigg oder Frija wird gern verwechselt mit der nordischen Freyja, der Tochter Njördrs und Schwester Freyrs. Tatsächlich vertrat die Freyja in Skandinavien ein vergleichbares „Ressort" wie die Frigg in Deutschland, doch wurde sie nur dort und neben der Frigg (die dort Frigga heißt) verehrt.

20 Am bekanntesten sind jene auf den Burgen Langenstein und Regenstein und diejenigen am Dedingstein im Heers nördlich unterhalb des Regensteins – über 100 m² groß und trotz 1,2 m hoher Sandeinwehungen noch immer 5 m, einst wohl über 6 m hoch: vielleicht eine ehemalige Rast- und Lagerstätte an der alten Paßstraße Quedlinburg bzw. Halberstadt über Heimburg nach Elbingerode/Bodfeld. Für den Regenstein ist sein Vorhandensein in salischer Zeit durch die auf 1090 datierte Inschrift am „Teufelsloche" wie auch durch Bodenfunde gesichert.

Hinzuzufügen sind die Wohnhöhlen am Schusterberge nördlich von Börnecke und die „Zwergenkeller" (!) im Ludwigfelsen beim Helsunger Krug, durch Bodenfunde den nahen Dorfstätten Lüttgen-Börnecke und Helsungen mittelbar auf das 11./12. Jahrhundert festgeschrieben, und die Danneilshöhle im Huy nordwestlich unterhalb der Huysburg. Insgesamt sind außer den beiden Burgen in dem umschriebenen Bereiche 20 Wohnhöhlen erkundet.

21 Sie eignen sich nicht zum Einlagern von Vorräten außer Rüben und Kartoffeln (!), was angesichts ihrer mutmaßlichen Entstehungszeit und ihrer Dimensionen nicht infrage kommt. Auch bliebe dann zu erkunden, wem sie gedient haben sollten. Das Marienkloster besaß einen eigenen Wirtschaftshof am Nordfuße des Berges. Allezeit knapp bemittelt, wie es war, wäre es zu solch einer Arbeitsleistung niemals imstande gewesen. Außerdem blieben dann die vergleichbaren Anlagen unterm Strohberge ihre Erklärung schuldig.

22 Durch den Burgbrunnen und den Stollen der Burgwasserleitung floh 1073 König Heinrich IV. mit einem kleinen Gefolge aus der von den Sachsen belagerten Großen Harzburg.

23 Vergleichbar ist eine Anlage in dem Felsstädtchen Lützelstein (La Petite Pierre) in den nördlichen Vogesen, erstellt zu Beginn des 13. Jahrhunderts gleichzeitig und im topographischen Zusammenhange mit der gleichnamigen Grafenburg auf einem langgestreckten Sandsteinriff: eine Sickerwasserzisterne unter der Südseite des Städtchens ist vom Fuße des Felsens durch einen kurzen ebenerdigen Felstunnel zugänglich, von dem ein weiterer, blind endender Stollen noch ein Stück tiefer in den Berg stößt.

24 Vgl. Die Jahrbücher von Quedlinburg, MGH.X.JH., Bd. 9, S. 5: „986. In diesem Jahre wurde das Kloster auf dem westlichen Quedelinger Berge von Mathilde, des Kaisers Perle und Tochter, zur Ehre der heiligen Gottesmutter Maria und zum Andenken ihres geliebten einzigen leiblichen Bruders zur Ausübung der Regel des heiligen Benedikt mit Eifer erbaut."

25 Ehem. Zentralarchiv Merseburg – Geheimes Staatsarchiv: Rep. 33, Nr. 158 b, tom. 1, fol. 10, salt. 5: „Der fünfte (Brief) meldet: könig Otto hat ym xc vnd lvj iar bewilliget vffrichtung des closters sante michels berg, daß bestetiget vnd daß der Eptischyn zu Quedelenburg vnderwurffig." Aus dieser knappen Eintragung, die keinerlei nähere Angaben zu diesem Kloster „Michelsberg" enthält außer derjenigen, daß es dem Stifte Quedlinburg unterstellt (aber nicht, daß es in seiner Nähe gelegen) sei, haben H. Goebke und alle, die ihm hierin gefolgt sind, weitreichende und gewagte Hypothesen aufgebaut und dabei übersehen, daß jenes Kopial die stark verkürzte Inhaltsangabe einer Schenkungsurkunde Ottos I. von 956 für das Stift Quedlinburg ist, die das Kloster (Alt-) Michaelstein über dem sog. Volkmarskeller am oberen Klostergrund betrifft (vgl. v. Erath: sec. X, Nr. 13).

26 Außerdem überliefert beim Chronographus Saxo und in Winnigstedts Chronicon Quedlinburgense, ebenso beim Annalista Saxo für das Jahr 987.

Anmerkungen

27   Graf Hoyer II. von Falkenstein hatte als zweitgeborener, nicht erbberechtigter Sohn des Grafen Otto I. keine Anrechte auf Burg und Herrschaft Falkenstein, sondern hatte sich Herrschaft, Burg und Flecken Ermsleben, wo er auch residiert hat, erheiratet. Nach dem Tode seines älteren Bruders Burchard III. vor 1215 fielen ihm die Untervogtei über das Reichsstift Quedlinburg und das Reichsschultheißenamt über das Quedlinburger Territorium mit der „Dienstwohnung" auf der Reichsfeste Lauenburg zu. Mittels dieser Befugnisse begann er mit Rückhalt an den Hohenstaufen und gegen den Widerstand der Reichsäbtissin Sophie von Brehna (die demzufolge Unterstützung bei den Welfen suchte), sich in und um Quedlinburg eine zweite, breitere Machtbasis zu schaffen. Vermutlich um diese angefochtenen Positionen juristisch zu untersetzen, beauftragte er den mit ihm verbundenen adligen Schöffen Eike (Heiko) von Reppichau (Repgowe), das geltende, bisher nur mündlich tradierte Land- und Lehnsrecht festzustellen. So entstand zwischen 1220 und 1235 als ein revolutionäres rechtsgeschichtliches Ereignis die erste deutsche Fassung des berühmten „Sachsenspiegels" – wahrscheinlich in Quedlinburg. Denn in eben derselben Zeit diente er dem Grafen als Rechtsberater beim Verklagen der Reichsäbtissin vor dem Hofgerichte König Heinrichs (VII.) und bei ihrer zeitweiligen Vertreibung aus dem Stifte, was zwei Briefe Papst Honorius' III. von 1224 und 1226, außerdem Hinweise in der „Sächsischen Weltchronik" belegen. In derselben Zeit ist Eike von Repgowe durch Hoyer II. mit zwei Hufen Landes aus dem Vogteigute des Stiftes Quedlinburg belehnt.

28   v. Erath: sec. XIII, Nr. 82.

29   Vgl. Anmerkung 26.

30   Überliefert bei Thietmar von Merseburg, beim Annalista Saxo und in Winnigstedts Chronicon Quedlinburgense.

31   Dieses neuentdeckte Nordportal steht dem durch das spätromanische Säulenportal zum Haupteingang erhobenen Südportale gegenüber und dürfte der Zugang vom Klosterbezirke her gewesen sein. Im Gegensatz zu diesem hat es die ursprüngliche Bauart bewahrt: von den gerade eingeschnittenen Gewänden ist das westliche auf die jetzige Eingangstür hin hinterfüttert, das von ihr nicht benutzte östliche z.T. mit Barnsteinen ergänzt.

32   Seitenschiffemporen hatte anhand dieser Pforte in Analogie zur Stiftskirche Gernrode bereits A. Brinkmann vermutet.

33   Die christlichen Pastophorien entwickelten sich aus den Gemächern oder Nischen für Götterbilder hellenistisch- und römisch-orientalischer Tempel und wurden bezogen auf die Levitenräume und Schatzkammern des jüdischen Tempels von Jerusalem. Ende des 4. Jahrhunderts sind sie in den Apostolischen Konstitutionen als Bestandteile des Kirchengebäudes bestätigt worden.

34   Die wichtigsten Beispiele dieses syrischen Normalschemas sind die Basiliken zu Bethuna, Chirbet Hass, Deir Seta, Kanawath/Canatha – Große Kirche im sog. Serail, Ruweiha, Rusafa/Sergiopolis – Kirchen A und C und Turmanin, dazu die Nebenkirchen in Kala'at Sim'an.

35   Diesem weniger häufigen Typ gehören die Wallfahrtskirche zu Qalb Luseh und die Grabeskirche der Märtyrer Sergios und Bakchos in Rusafa/Sergiopolis an.

36   So bei den flankierenden Basiliken des Aachener Münsters.

37   Zu dieser Gruppe zählen u.a. die sog. Einhardsbasilica in Steinbach bei Michelstadt/Odenwald (um 821/827), die Klosterkirche Inda/Cornelimünster bei Aachen (817 geweiht), die Stiftskirchen in Herdecke/Westfalen (819 geweiht) und Wetzlar/Lahn (897 bezeugt), in abgewandelter Gestalt auch das karolingische Sanctuarium des Niedermünsters auf der Reichenau.

38   In veränderter Funktion und Form setzen sich die Pastophorien in den dreischiffigen Sanctuarien der Hoch- und Spätromanik mit den durch Arkaden geöffneten Nebenchören der Cluniacenser und Hirsauer ebenso wie mit den nur durch Türen verbundenen Chorseitenkapellen der frühen Cistercienserkirchen mit ihren Ausläufern bis in die Gotik hinein fort. Dergestalt ist dieser Bautyp für den gesamten mittelalterlichen Kirchenbau fruchtbar geworden.

39   Erinnert sei an ihre glanzvollen Reichstage 985 und 991, welche in die Entstehungszeit des Klosters fallen.

40   Mit der Kaiserin Theophano mittelbar verbunden ist eine Gruppe von drei vergleichbaren Kirchen, die noch vom Kölner Erzbischof Brun, dem jüngsten Bruder Ottos I., initiiert, jedoch erst nach seinem Tode 965 in der 2. Hälfte des 10. Jahrhunderts entstanden sind: Saalbauten mit

Anmerkungen

Dreizellensanctuarien desselben Typs, deren Pastophorien als niedrigere Querarme über die Längsfluchten hinaustraten. Das „Leitfossil" der Gruppe ist St. Pantaleon in Köln gewesen: nach dem Einsturze des Vorgängers 966 mittels eines Legates des Erzbischofs Brun (der dort begraben liegt) neuerrichtet bis 980 (Weihe), zunächst ohne Apsis, doch mit einer Ostkrypta und mit einem Westquerbau, der die Spuren einer fünfschiffigen Halle zu drei Joch Tiefe ähnlich der „Westkrypta" auf dem Münzenberge hinterlassen hat. Nachdem Theophano diese Kirche 984 auch zu ihrer Grablege bestimmt hatte, ließ sie eine Apsis hinzufügen und damit ein Sanctuarium derselben Art wie bei der wenig jüngeren Kirche auf dem Münzenberge herstellen. Diesem Vorbilde folgten innerhalb des Erzbistums Köln das Patroclimünster in Soest und die Reinoldikirche in Dortmund.

41 Gleichartige Stützen- und Gewölbeformen kommen in Quedlinburg in der zerteilten Krypta unter der Sakristei der Marktkirche – vielleicht der Ostkrypta der ottonischen Marktkirche nach 994 – und an den vermauerten Doppelarkaden in der Durchfahrt des oberen Schloßtores vor.

42 Vergleichbares im mitteldeutschen Umkreise ist bisher nur an der Petrikirche zu Leitzkau (nach 1114) – an einem Fensterchen der Ostwand des Nordostturmes 1925 von H. Kunze festgestellt worden.

43 Unklar bleibt der jetzt nicht mehr nachprüfbare Befund, daß die Obergeschoß-Nordwand des Westquerbaues innerhalb von Münzenberg 12 auf einen älteren Bruchsteinsockel ohne Verband zur Westwand aufsetzt: ein Rest des Gründungsbaues von 986-995, eine Veränderung im Zusammenhange mit der Einwölbung oder eine noch spätere, gar nachmittelalterliche Einflickung?

44 Die Lauenburg, sicherlich eine der Reichsburgen Heinrichs IV. von 1065-1073, nach der Harzburg die zweitgrößte Anlage des Harzes, erscheint erstmals 1164, als Pfalzgraf Friedrich III. von Sachsen aus dem Hause Sommerschenburg sie als Schirmvogt des Reichsstiftes Quedlinburg innehatte. 1165 an Heinrich den Löwen abgetreten, fiel sie 1180 an Kaiser Friedrich I. zurück. 1183 wohnte Graf Hoyer I. von Falkenstein, ein Bruder Graf Ottos I. und Onkel Hoyers II., als Schirmvogt von Quedlinburg auf ihr; 1201 sind Otto I. von Falkenstein, nach 1215 sein jüngerer Sohn Hoyer II. in derselben Funktion Inhaber der Lauenburg.

45 Das Kloster Konradsburg ist auf dem Stammsitze der Grafen von Falkenstein zwischen 1115 und 1120 zunächst als Propstei gegründet und um 1130 in eine Benediktinerabtei umgewandelt worden. Es war Hauskloster und Grablege der Falkensteiner, die bis 1322 auch die Vogtei darüber innehatten. Der Neubau der Klosterkirche ab etwa 1220 ist sicherlich mit Graf Hoyer II. zu assoziieren, dessen Wohnsitz als Grundherr das nahe Ermsleben gewesen ist. Durch ihn sind die spätromanischen Bauten auf der Konradsburg und auf dem Münzenberge geschichtlich miteinander verbunden.

46 Den „Import" rheinischer Spätromanik im 4. Viertel des 12. und im 1. Viertel des 13. Jahrhunderts durch das Herbeirufen rheinischer Bauleute haben vor allem die ludowingischen Landgrafen von Thüringen für ihre Burgen (Neuenburg, Wartburg und Weißensee), die Grafen von Schwarzburg für ihre Kirchen (Liebfrauen in Arnstadt und Kloster Göllingen, vielleicht unter Mitwirken des Klosters Hersfeld, dem diese Kirchen unterstanden und das rheinische Bauformen auch in die ihm unterstellte Abtei Memleben verpflanzt hat) und die Hohenstaufen für ihre „königliche Stadt" Mühlhausen veranlaßt.

47 Dasjenige an der Marienkirche zu Freyburg/Unstrut aus dem 2.-3. Jahrzehnt des 13. Jahrhunderts mit den Assistenzfiguren zweier Engel, die Weihrauchfässer schwingen, und ein zweites an der Klosterkirche zu Reinsdorf/Unstrut mit den Stiftergestalten des heiligen Bischofs Otto von Bamberg, eines Abtes und der Gestalt des Erzengels Gabriel, das mit dem Weihedatum 1206 verbunden wird. Auch sie suggerieren jene unnahbare Entrücktheit, welche die Gestalten aus dieser Welt hinaushebt, jene geometrische Regelhaftigkeit, welche die gesetzhafte Ordnung und Klarheit der Gotteswelt andeutet, und jene kompositorische Symmetrie, die den Bezug aller Dinge auf den Einen – Mitte des Seienden – bildhaft macht.

48 Bei F. E. Kettner: Kirchen- und Reformations-Historie S. 95

49 Von der frontal stehenden Gestalt des Geistlichen sind nur noch der Oberkörper und vage Andeutungen des Kopfes wahrzunehmen. Die vertiefte Minuskelumschrift ist von der rechten unteren Ecke entlang der Unter- und der linken Seitenkante in verschiedenem Erhaltungsgrad vor-

Anmerkungen

handen und weist ihn als Propst des Marienklosters aus: ... cxii(?) ... (obiit) ... ockel ... lic hui' eccls' pposit' cui' (anima requiescat in pace)

50 Vgl. Die Jahrbücher von Quedlinburg, MGH, X. Jh, Bd. 9, S. 41
51 Eine Kinderkrone Ottos III., vielleicht jene, mit welcher er 983 in Aachen gekrönt worden ist, bewahrt die Schatzkammer des Essener Münsters auf.
52 Die folgenden Baunachrichten nach Akten im Landeshauptarchiv Sachsen-Anhalt zu Magdeburg – Rep. A 20, Nr. 7-13.
53 Dieses und die nachfolgenden Zitate nach der Familienchronik Goeze 1895.
54 Die etymologisch schwierig zu deutende Bezeichnung dürfte wohl eher „Käksburger" zu schreiben sein. Damit zeichnet sich eine Verwandtschaft zur niederdeutschen Bezeichnung des Prangers oder Schandpfahls als „Kak" oder „Kaak" ab, die auf dem indogermanischen Wortstamme „kak" = schlecht beruht (vgl. griechisch „kakos" = schlecht).
55 Die Stelle des von E. A. Goeze ausgeräumten Brunnens ist umstritten: einerseits wird er mit dem Brunnen der „Zwergenlöcher" identifiziert, andererseits ist er im Stadtplane C. G. Voigts 1786 in der Stichgasse zur nördlichen Ringmauer östlich der Schwarzen Küche lokalisiert. Mündliche Auskünfte geben einen dritten Platz auf dem Münzenberger Markte nahe dem Spritzenhause an.

Literatur

Sigel:

HB Am Heimatborn. Beilage zum Quedlinburger Kreisblatt
KB Kulturbote Quedlinburg
MB Montagsblatt der Magdeburgischen Zeitung
ZHV Zeitschrift des Harz-Vereins für Geschichte und Altertumskunde

Quellen und Geschichtsdarstellungen

Die Geschichtsschreiber der deutschen Vorzeit. In deutscher Bearbeitung herausgegeben nach den Monumenta Germaniae von G.H. PERTZ, J. GRIMM, K. LACHMANN, L. RANKE UND K. RITTER
  X. Jahrhundert, Bd. 6: Widukinds Sächsische Geschichten. Übersetzung: REINHOLD SCHOTTIN. Berlin 1852
  X. Jahrhundert, Bd. 8: Die Jahrbücher von Quedlinburg. Übersetzung: EDUARD WINKELMANN. Berlin 1862
  XI. Jahrhundert, Bd. 1: Die Chronik Thietmars, Bischofs von Merseburg. Übersetzung: J. C. M. LAURENT. Berlin 1848
  XII. Jahrhundert, Bd. 5: Der sächsische Annalist. Übersetzung: EDUARD WINKELMANN. Berlin 1864
Abel, Caspar: Sammlung etlicher noch nicht gedruckter alter Chroniken... Darin: u.a. WINNIGSTEDT'S Chronicon Quedlinburgense. Braunschweig 1732
Bauer, Albert/Rau, Reinhold (Herausgeber): Quellen zur Geschichte der sächsischen Kaiserzeit. Freiherr-vom-Stein-Gedächtnisausgabe A, Bd. 8, 3. Auflage. Darmstadt 1990
Boysen, Friedrich Eberhard: Allgemeines historisches Magazin. Halle/S. 1796. Darin: WOLF, MARTIN: Kurze Beschreibung des alten kayserlichen freyen weltlichen Stiffts samt beyder Städte Quedlinburg. Quedlinburg 1622
von Erath, Anton Ulrich: Codex diplomaticus Quedlinburgensis. Frankfurt/M.1764
Fritsch, Johann Heinrich: Geschichte des vormaligen Reichsstifts und der Stadt Quedlinburg. Quedlinburg 1828
Janicke, Karl: Urkundenbuch der Stadt Quedlinburg. 2 Bde. Quedlinburg 1873 und 1882
Kettner, Friedrich Ernst: Kirchen- und Reformations-Historie des Kayserlichen freiweltlichen Stifts Quedlinburg. Quedlinburg 1710
Derselbe: Antiquitates Quedlinburgenses. Quedlinburg 1712
Lorenz, Hermann/Kleemann, Selmar: Quedlinburgische Geschichte. 2 Bde. Quedlinburg 1922
von Mülverstedt, Adalbert: Hierographia Quedlinburgensis. ZHV 2/1869
Schmidt, Gustav: Urkundenbuch des Hochstifts Halberstadt und seiner Bischöfe. 4 Bde. Leipzig 1883-89
Trillmich, Werner (Herausgeber): THIETMAR VON MERSEBURG: Chronik. Freiherr vom Stein-Gedächtnisausgabe A, Bd. 9, 6. Auflage. Darmstadt 1985
Voigt, Gottfried Christian: Geschichte des Stiftes Quedlinburg. Quedlinburg 1786/91
Wallmann, Johann Andreas: Beiträge zur Aufklärung der Geschichte des Reichsstifts Quedlinburg. Quedlinburg 1782

Siedlungsgeschichte

Behrens, Heinz A.: Der Regenstein. Heft 1. Blankenburg 1989
Förster, Horst: Sandsteinhöhlen am Harz. Bodendenkmalpflege im Kreis Wernigerode, Mitteilungsblatt.4

Grimm, Paul: Die vor- und frühgeschichtlichen Burgwälle der Bezirke Halle und Magdeburg. Berlin 1958
Keil, Erich: Die vorgeschichtliche Besiedlung der Umgegend von Quedlinburg. HB 1925, 26 u.27
Neuss, Erich: Besiedlungsgeschichte des Saalkreises und des Mansfelder Landes, Weimar 1995
Schirwitz, Karl: Aus Quedlinburgs Vorgeschichte. HB 1925, 35
Wäscher, Hermann: Feudalburgen in den Bezirken Halle und Magdeburg. 2 Bde. Berlin 1962

Bau- und Kunstgeschichte

Bandmann, Günter: Zur Bedeutung der romanischen Apsis. Wallraf-Richartz-Jahrbuch Köln 15/1953
Derselbe: Über Pastophorien und verwandte Nebenräume im mittelalterlichen Kirchenbau. Kunstgeschichtliche Studien für Hans Kaufmann. Berlin 1955
Frankl, Paul: Die frühmittelalterliche und romanische Baukunst. Handbuch der Kunstwissenschaften. Wildpark - Potsdam 1926
Holtzinger, Heinrich: Altchristliche und byzantinische Baukunst. Handbuch der Architektur. Teil 2. Leipzig 1909
Kubach, Hans Erich: Romanik. Weltgeschichte der Architektur. Stuttgart 1986
Lehmann, Edgar: Der frühe deutsche Kirchenbau. Die Entwicklung seiner Raumordnung bis 1080. Berlin 1938
Mango, Cyril: Byzanz. Weltgeschichte der Architektur. Stuttgart 1986
Schütz, Bernhard: Romanik. 2. Auflage. Freiburg - Basel - Wien 1990
Sennhauser, H. R.: Vorromanische Kirchenbauten. Katalog der Denkmäler bis zum Ausgang der Ottonen. München 1966/71
Stierlin, Henri: Byzantinischer Orient. Stuttgart/Zürich 1996
Rhümmler, Hans: Karolingische und ottonische Baukunst in Sachsen. In: Das erste Jahrtausend, II., Textband. Düsseldorf 1964
Wulff, Oskar: Altchristliche und byzantinische Baukunst. 2 Bde. Handbuch der Kunstgeschichte. Berlin-Neubabelsberg 1914

Mythologie

Golther, Wolfgang: Germanische Mythologie. Handbuch. Rostock 1895
Grimm, Jakob: Deutsche Mythologie. 3 Bde. 4. Auflage. Berlin 1875/78
Leibrock, Gustav Adolph: Die Sagen des Harzes und seiner nächsten Umgebung. Teil 1: Unterharz. Nordhausen 1842
Meyer, Elard Hugo: Mythologie der Germanen. Straßburg 1903.
Mogk, Eugen: Germanische Mythologie. Leipzig 1906
Pröhle, Heinrich: Unterharzische Sagen. Aschersleben 1856

Münzenberg

Brinkmann, Adolf: Beschreibende Darstellung der älteren Bau- und Kunstdenkmäler der Provinz Sachsen. Bd. 33: Quedlinburg, Teil 1. Magdeburg 1922
Derselbe: Die Kirche St. Mariae auf dem Münzenberge bei Quedlinburg, eine Nachahmung der Gernröder Stiftskirche. ZHV 46/1913
Derselbe: Deutsche Herrscher und Quedlinburger Kunst. Der Harz 1922, IV.
Dietert, Friedrich: Von den Münzenbergern und ihrer Sprache. Beilage zum Quedlinburger Kreisblatt 62/1935, 11.V.
Derselbe: Das wilde Wasser auf dem Münzenberg. Harzer Familien-Freund. Illustrierter Volks-Kalender 1932
Goebke, Hermann: Tausend Jahre Münzenberg. KB 1963, 4
Haase, Hermann: Die Münzenberger, der Born und das Brautbett. HB 1936, 302

Literatur

Derselbe: Gedanken über die Deutung des Namens Münzenberg. KB 1962, 11 und 12
Helbing, Heinz: Nachlaß Münzenberg. Historische Bibliothek Quedlinburg 1988/89
Lorenz, Hermann: Der Münzenberg und sein Marien-Portal. HB 1927, 135
Derselbe: Merkwürdige Nachrichten aus Quedlinburger Chroniken: Die Kaiserkrone im St. Marienkloster auf dem Münzenberge. HB 1927, 102
Derselbe: Unser Münzenberg und sein Name. HB 1931, 295
Meier, Paul Jonas: Die Kirchen von Quedlinburg. Deutsche Bauten 20. Burg 1932
von Mülverstedt, Adalbert: Über den Kirchenschatz des Stifts Quedlinburg. Darin: Der Kirchenschatz des Klosters auf dem Münzenberge. ZHV 7/1874
von Niebelschütz, Ernst: Der Münzenberg zu Quedlinburg. MB 1929, 71
Pahle, Heinrich: Der Münzenberg. Heimatkundliches Wanderheft. Städtisches Museum Quedlinburg 1958
Speer, Elisabeth: Quedlinburg und seine Kirchen. Berlin 1970
Zeller, Adolf: Die Kirchenbauten Heinrichs I. und der Ottonen in Quedlinburg, Gernrode, Frose und Gandersheim. Berlin-Charlottenburg 1916
Derselbe: Die Kirche des Benediktinerinnenklosters St. Mariae auf dem Münzenberge bei Quedlinburg. Die Denkmalpflege 14/1912 und ZHV 45/1912
Anonymus: Der steinerne Sarg auf dem Münzenberge. Blätter für Quedlinburg und die umliegende Gegend 14/1806
Anonymus (Goeze): Unsere Voreltern und Unsere Eltern. (Chronik der Familie Goeze) Wernigerode 1895
Anonymus: Merkwürdige Nachrichten aus Quedlinburger Chroniken: Die Zwerglöcher. HB 1925, 45
Anonymus: Heimatsagen: Die Zwerglöcher am Münzenberg. HB 1921, 8
Anonymus: Wahrhaftiger Bericht Von der Quedlinburgischen Neu-begeisterten und entzückten Magd Magdalenen Elrichs. Bremen 1703
Anonymus: Die Zwerglöcher. HB 1933, 328

Abbildungsverzeichnis

VNS	Nachzeichnungen Winfried Korf nach dem Stadtsiegel von 1298 und dem Sekretsiegel von 1616
S. 6 o.	Münzenberg und Schloß von Osten; Zeichnung Wilhelm Steuerwald um 1850; Reproduktion Schloßmuseum Quedlinburg
S. 6 u.	Münzenberg von Osten, Zustand vor 1990; Photographie Winfried Korf (fortan: WK)
S. 9	Münzenberg von Westen mit dem Bornholzweg; Zeichnung Wilhelm Steuerwald um 1850; Reproduktion Schloßmuseum Quedlinburg
S. 10	Münzenberg und Wipertikirche von Norden; Ausschnitt aus dem Titelkupfer zu Fr. E. Kettner: Kirchen- und Reformationshistorie..., 1710
S. 13	Schloß- und Münzenberg von Osten; Kupferstich Matthäus Merian d. Ä. um 1650 in Zeillers „Topographia..."; Ausschnitt aus der Vedute Quedlinburgs nach derjenigen von Franz Hogenberg um 1600 in Brauns Topographia
S. 14 o.	Münzenberg von Westen mit dem grabenartigen Einschnitt zum Strohberg; Photographie WK
S. 14 u.	Stroh- und Münzenberg von Südwesten; Photographie WK
S. 15	Münzenberg, Schloßberg und Wipertigut von Südwesten (Salzberg); Photographie WK
S. 18	Münzenberg. Schwarze Küche im Haus Nr. 50: Inneres mit der älteren Quaderwand und ihrem romanischen Fensterchen; Zeichnung WK
S. 19	Haus Münzenberg 50 mit dem Kaminschlot der Schwarzen Küche; Photographie WK
S. 21	Münzenberg und Strohberg von Westen (Schloßmuseum); Photographie WK
S. 22	Münzenberg. Straßeneinfahrt mit den Mauerwangen des mittelalterlichen Tores; Photographie WK
S. 23 o.r.	Zwergenlöcher. Treppenstollen: unterer Abschnitt abwärts gegen den Brunnen; Photographie Tilmann Kohnert (fortan: TK)
S. 23 u.l.	Zwergenlöcher. Treppenstollen: unterer Abschnitt aufwärts gegen den unteren Treppenabsatz; Photographie TK
S. 24	Zwergenlöcher. Gesamtanlage als schematische Übersicht (unmaßstäblich); Zeichnung WK
S. 25	Zwergenlöcher. Blick in den Brunnen; Photographie TK
S. 26	Zergenlöcher. Oberer Westsaal mit den Steinbänken, angeblich für Käseregale; Photographie TK
S. 27	Zwergenlöcher. Unterer Westsaal nach Osten gegen den unteren Treppenabsatz; Photographie TK
S. 28	Zwergenlöcher. Unterer Westsaal nach Westen mit dem Fluchtgang; Photographie TK (Retouchen der Photographien von Tilman Kohnert durch Winfried Korf)
S. 33	Münzenberg mit der Münzenberger Schule über dem Sanctuarium der Marienkirche; Photographie WK
S. 34	Winzenburg bei Thale. Blick auf das von einem riesigen Burgwall eingenommene Bergmassiv mit dem Sporn der Roßtrappe vom Hexentanzplatz aus; Photographie WK
S. 35	Klusfelsen (Kensteine) bei Halberstadt. Blick aus der östlichen der beiden Felskapellen auf den Altarraum der westlichen; Photographie WK
S. 37	Reste der Hospitalkapelle St. Johannis im Westendorfe zu Quedlinburg; Photographie WK
S. 40	Vorwerk Gersdorfer Burg, die Stätte von Gersdorf, mit dem Bergfried der Gersdorfer Burg; Photographie WK
S. 43	Marienkirche. Lage innerhalb der Bebauung; Zeichnung Adolf Zeller (fortan: AZ), 1912
S. 44 o.	Marienkirche. Grundriß: Bestandsaufnahme; Zeichnung AZ, 1912
S. 44 u.	Marienkirche. Ergänzter Grundriß; Zeichnung WK
S. 45	Marienkirche. Längsschnitte der Baureste; Zeichnungen AZ, 1912
S. 46 o.	Marienkirche. Querschnitt der Baureste; Zeichnung AZ, 1912
S. 46 u.	Marienkirche. Nordportal nach der Aufdeckung 1992; Zeichnung WK
S. 47	Marienkirche. Ottonische Kirche von Nordosten (Rekonstruktionsvorschlag); Zeichnung WK

S. 48	Marienkirche. Gewändesäule aus dem nördlichen Seitenschiff; Photographie WK
S. 49	Marienkirche. Ostkrypta: nördliches Pastophorion, Nordwand; Photographie WK
S. 51 o.	Marienkirche. Oculus an der Apsis; Zeichnung AZ, 1912
S. 51 u.	Marienkirche. Sanctuarium: Apsis der Ostkrypta; Zeichnung AZ, 1912
S. 52 u.	Marienkirche. Ostkrypta: Inneres nach Südosten; Zeichnung WK
S. 53 o.	Basilica zu Qalb Luseh. Grundriß; Zeichnung aus H. Holtzinger: Altchristliche und byzantinische Baukunst. 1909
S. 53 u.	Basilica zu Qalb Luseh. Westfassade mit Portalvorbau zwischen zwei Türmen; Zeichnung aus H. Holtzinger
S. 54 o.	Basilica zu Qalb Luseh. Aufbau mit Einblick in das Innere; Zeichnung aus H. Holtzinger
S. 54 u.	Basilica zu Qalb Luseh. Ostfassade mit Apsis zwischen den Pastophorien; Zeichnung aus H. Holtzinger
S. 55	Marienkirche. Westbau Haus Nr. 12: Zustand 1992 und heutiger Zustand nach der „Verschönerung"; Photographien WK
S. 56	Marienkirche. Westkrypta: vermauerte originale Fenster an der Südseite, Zustand um 1975; Photographie WK
S. 57 l.	Marienkirche. Westkrypta: nördlicher Zugang vom Langhause her während der Bauarbeiten 1989/90; Photographie WK
S. 57 r.	Marienkirche. Westkrypta: Südwestwinkel, Zustand um 1975; Photographie WK
S. 58 o.	Marienkirche. Westkrypta: Inneres nach Nordosten; Zeichnung WK
S. 58 u.	Marienkirche. Westbau: Spuren der Nonnenempore über der Westkrypta während der Bauarbeiten 1989/1990; Photographie WK
S. 59	Marienkirche. Stumpf des Glockenturms vor der Südstirn des Sanctuariums; Zeichnung AZ, 1912
S. 60	Marienkirche. Inneres nach Osten (Rekonstruktionsvorschlag); Zeichnung WK
S. 61	Marienkirche. Inneres nach Westen (Rekonstruktionsvorschlag); Zeichnung WK
S. 62	Marienkirche. Stumpf des Glockenturms vor der Südstirn des Sanctuariums, Zustand um 1975; Photographie WK
S. 63	Marienkirche. Spätromanisches Südportal, jetzt an der Südseite der Wipertikirche; Photographie WK
S. 64 o.	Marienkirche. Spätromanisches Südportal: Kelchblockkapitelle der Säulen des westlichen Gewändes; Photographie WK
S. 64 u.	Marienkirche. Spätromanisches Südportal: Bogenfeld; Photographie WK
S. 65	Marienkirche. Ottonische Kirche mit den spätromanischen Veränderungen von Südwesten (Rekonstruktionsvorschlag); Zeichnung WK
S. 68 o.	Marienkirche. Grabplatte des Friedrich von Hoym, jetzt in der Krypta der Stiftskirche; Photographie WK
S. 68 u.	Marienkirche. Anthropomorphes Felsgrab in der Mittelachse des Langhauses vor der Westkrypta während der Bauarbeiten 1992; Photographie WK
S. 69	Marienkirche. Grabplatte vom o.g. Felsgrab; Photographie WK
S. 70	Marienkirche. Reliquiar aus dem Klosterschatz:, Heiliger Laurentius auf dem Rost, seit 1540 im Stiftsschatz; Photographie Jürgen Meusel
S. 71	Marienkirche. Kelch aus der Kirche zu Gersdorf, jetzt im Schloßmuseum Quedlinburg; Photographie WK
S. 73	Münzenberger Vorwerk. Herrenhaus: Hofseite mit Blick zur Schwarzen Küche; Photographie WK
S. 75	Münzenberg von Osten mit (topographisch unmöglichem) Blick auf das Schloß mit dem Viehtor des Westendorfs davor; Zeichnung eines Steuerwald-Schülers um 1850
S. 76 o.	Münzenberg. Wasserpforte von Westen; Photographie WK
S. 76 u.	Münzenberger Rathaus von Südwesten; Photographie WK
S. 77 o.	Münzenberger Rathaus von Südosten. Photographie WK
S. 77 u.	Münzenberger Schenke von Osten; Photographie WK

S. 78 o.	Münzenberg. Reliefgestalt eines Abtes im Haus Nr. 34; Photographie WK
S. 78 u.	Münzenberg. Westteil des Städtchens mit Blick auf das Haus Nr. 38; Photographie WK
S. 79 o.	Münzenberg. Platz südlich des Rathauses; Photographie WK
S. 79 u.	Münzenberg. Platz westlich des Rathauses; Photographie WK
S. 80 o.	Münzenberg. Haus Nr. 63 von Südwesten; Photographie WK
S. 80 u.	Münzenberg. Gasse entlang der Südkante; Photographie WK
n. S. 80	Münzenberg. Plan des Städtchens mit Austeilung der Grundstücke; A Münzenberger Vorwerk, B „Woorth" (ehemaliger Klostergarten), C Schul- oder Stadttreppe, D Wassertreppe, E Rampe von der Langenbergstraße, F Zufahrt durch die Zwergkuhle, 1 Münzenberger Rathaus, 2 Schwarze Küche, 3 Münzenberger Schenke, 4 Münzenberger Schule, 5 Toreinfahrt im Zuge der Ringmauer, 7 Standort des Schuckebrunnens, 7 Sperlingsche Scheune, 8 Alter Haupteingang zu den Zwergenlöchern (Treppenstollen), 9 Alter Nebeneingang zu den Zwergenlöchern, 10 Luftschacht zum unteren Westsaal der Zwergenlöcher; Zeichnung WK
S. 81	Münzenberg. Westteil des Städtchens vom Hause Nr. 38 ostwärts in Richtung Markt; Photographie WK
S. 82	„Wahrhafftiger Bericht...", Titelblatt der Streitschrift von 1703; Photo-Reproduktion Photo-Kittel aus einem Sammelband in der Historischen Bibliothek Quedlinburg
S. 83	Brennender Münzenberg 1699; Titelkupfer zu „Wahrhafftiger Bericht...". 1703; Photo-Reproduktion Photo-Kittel
S. 85	Münzenberger Typen. Jubiläumsgutscheine zur Tausendjahrfeier der Stadt Quedlinburg 1922; Archiv Rüdiger Mertsch
S. 86	Münzenberg von Süden; Postkarte um 1925; Archiv Manfred Mittelstaedt
S. 87	Münzenberger Musikanten. Eisenreliefs an der Mühlgrabenbrüstung der Steinbrücke; Photographie WK
S. 89	Münzenberg. Blick von der Stadttreppe auf das Schloß; Photographie WK

Winfried Korf

Walbeck. Reichshof - Kloster - Rittergut

ISBN 3-9804590-6-3, 166 Seiten, 85 Abbildungen, Ladenpreis 25,00 DM

Walbeck im Mansfelder Land feierte 1997 die 1000jährige Wiederkehr der Einweihung seines Klosters. Als Gedenkstiftung für Kaiser Otto I. aus einem Reichshof entstanden, rückte es bald in den illustren Kreis der Festtagspfalzen in Norddeutschland auf.

Für mehr als ein Jahrhundert bis zur Schlacht im nahen Welfesholz 1115 wurde hier Reichsgeschichte geschrieben, was zahlreiche Herrscheraufenthalte, besonders die Heinrichs II. belegen. Später entstand aus den Mauern des Klosters eines der weitläufigsten und stilistisch beeindruckenden Landschlösser und -güter Sachsen-Anhalts mit weitläufigen, einst hochgerühmten Gärten.

Verlag Dr. Bussert & Partner

Quedlinburg und Jena 1997

Gerd Fesser • Reinhard Jonscher (Hrsg.)

Umbruch im Schatten Napoleons. Die Schlachten von Jena und Auerstedt und ihre Folgen

ISBN 3-9804590-9-8, 300 Seiten, Ladenpreis 49,80 DM

Die Schlachten von Jena und Auerstedt markieren einen wichtigen Wendepunkt in der deutschen und europäischen Geschichte. Wurde die französische Revolution von vielen Deutschen anfangs begeistert begrüßt, so verwandelte sich diese Zustimmung durch enttäuschte Hoffnungen und erlittene Demütigungen allmählich in Ablehnung. Das deutsche Nationalbewußtsein formte sich gegen die zunehmend als drückend empfundene Herrschaft. Auf der anderen Seite führte die Politik Napoleons zu einem Modernisierungsschub. Die Zahl der deutschen Klein- und Kleinststaaten wurde halbiert, die Verwaltung in den Territorien gestrafft, der Code civil wurde in vielen Staaten eingeführt. An das Ereignis und seine Folgen ist 1996 mit verschiedenen Veranstaltungen erinnert worden. Dazu gehört mit an erster Stelle das hier dokumentierte wissenschaftliche Kolloquium zu Jena.

Verlag Dr. Bussert & Partner

Jena 1998

Thomas Pester

Im Schutze der Minerva. Kleine illustrierte Geschichte der Universität Jena

ISBN 3-9804590-4-7, 179 Seiten, 97 Abbildungen, Ladenpreis 28,90 DM

Thomas Pester wendet sich mit seinem Streifzug durch die über 400jährige Geschichte der Jenaer Universität an den hochschul- und bildungsgeschichtlich interessierten Leser. Der Abriß ist vorwiegend deskriptiv abgefaßt und soll vor allem dem Besucher der Universitätsstadt Jena einen Überblick über wichtige chronologische Daten und Fakten zur älteren und neueren Universitätshistorie geben.

Die zahlreichen Abbildungen vermitteln einen lebendigen Eindruck und sind eine wertvolle Bereicherung.

Ergänzt wird das Buch durch einen Anhang zu Schillers Garten in Jena, der interessante Einblicke in die Lebensumstände des Namenspatrons der Universität vermittelt.

Verlag Dr. Bussert & Partner

Jena 1996

Hans-Peter Jakobson (Hrsg.)

Walter Gebauer. Ein Töpfer aus Bürgel

Mit einem einführenden Beitrag des Kunsthistorikers Reiner Behrends. 116 Seiten, über 100 z.T. farbige Abb., Ladenpreis DM 24,90. ISBN 3-932906-00-4

Walter Gebauer, der "große, alte Mann" der Thüringer Keramik, hat wie kaum ein anderer als Lehrmeister, Dozent und Publizist, vor allem aber durch sein eigenes Beispiel, über gut vierzig Jahre die Entwicklung der Keramik im Osten Deutschlands beeinflußt. Die Bestimmung seiner Schöpfungen sah Gebauer in ihrer Einheit von Nutzen und Schönheit, wofür ihm künstlerische Phantasie und die meisterliche Beherrschung des Handwerkes als Bedingung galten. Der vorliegende Katalog ist die erste umfassende Darstellung zu Leben und Werk des Keramikers Walter Gebauer (1907 - 1989). Sie erscheint aus Anlaß seines 90. Geburtstages. Ein ausführliches Ausstellungsverzeichnis, Biographie und Bibliographie runden den Band ab.

Verlag Dr. Bussert & Partner

Jena 1996